SKY·의대로 가는 패스트 트랙

대치동
학원의 비밀

SKY · 의대로 가는 패스트 트랙

대치동
학원의 비밀

The Secret of Daechi System

이규영 지음

대한민국
주요 학군지
종합 분석

과목·학년별
학원 활용
가이드 수록

맥킨지 선정
미래 인재 역량
DELTAs 소개

SAY KOREA

대치동처럼

못 해줘서

늘 미안한

두 아들에게

입시의 최전선, 대치동의 시스템을 이렇게 쏙쏙 이해되도록 알려주는 책이 또 있을까. 개그우먼 이수지의 대치동 '제이미 맘' 패러디만큼 재미있다. 자녀를 대치동 학원가에 보낼지 고민하는 학부모라면, 대치동 진입을 목표로 하는 학원 관계자라면, 또는 지역에 대치동 시스템을 도입할 것인지 고민하는 학원 경영자라면 반드시 읽어야 할 『손자병법』과 같은 책이다.

손현철(前 KBS 시사교양 PD. 〈명견만리: 4차 산업혁명은 어떤 인재를 원하는가〉, 〈KBS 스페셜: 카운트 다운! 4차 산업혁명〉 등 제작)

대치동은 욕망의 거리다. 욕망의 대상은 근래에 서울대에서 의대로 바뀌었지만, 욕망의 본질은 한 번도 변한 적이 없다. 이 책은 그 거대한 욕망의 생태계를 만들고 떠받치는 대치동 시스템의 근본적인 작동 원리와 경쟁력을 쾌도난마로 파헤친다. 대치동이라는 뜨거운 욕망의 거리를 탐방하려는 열혈 부모와 그 자녀에게 최고의 내비게이션이 탄생했다.

신재용(서울대학교 경영대학 교수)

대치동은 지금껏 '사교육의 메카'로는 널리 알려졌지만, 정보·시스템·문화가 결합된 유기체라는 점은 잘 드러나지 않았다. 그런데 저자는 이 책에서 LG경제연구원 컨설턴트, 학원 강사와 원장 등 다양한 경험을 통해 얻은 경영·경제학적 통찰을 바탕으로 대치동 시스템을 분석하고 있다. 오랜 역사와 여러 사례 속에서 드러난 부작용까지 가감 없이 기록해 우리가 알지 못했던 대치동의 진면목을 보여준다. 게다가 AI를 접목하여 미래 교육의 실험장으로 발전할 대치동의 앞날까지 내다보고 있다. 학부모, 강사, 학원 경영자 등 입시 현장의 모든 사람들에게 유용한 필독서가 될 것이다.

신정훈(해태제과식품 대표이사)

저자의 다채로운 이력을 토대로 대치동 학원 시스템을 심층적으로 분석하고, 사교육 수요와 공급의 합리적 균형을 흥미롭게 풀어내고 있다. 학원을 주제로 한 책이지만 대한민국 교육과 국가 인재 양성의 미래에 대한 소신도 돋보인다. '대치동 경제학'이라는 부제를 달아주고 싶은 책이다.

홍석철(서울대학교 경제학부 교수)

CHAPTER 1.

대치동 학원가:
엘리트 교육의 성지, 대치는 지금

CHAPTER 4. ─────────────────────

대치동 경제학:
한정된 자원을 이용한 최선의 선택

CHAPTER 5. ─────────────────────

대치동 스토리:
머리 아홉 달린 히드라의 탄생

부록

학생과 학부모를 위한
대치동 활용 가이드

시스템으로 해부하면
대치동이 보인다

시작은 우연이었다. 출판계에서 활동하는 지인과 이야기를 나누다가 대치동 이야기가 나왔다. 지인은 "대치동은 입으로 말해도 머릿속으로 생각해도 여느 동네와 무척 다른 느낌이다."라며, 대치동이 다른 지역과 어떤 차이가 있는지 물었다. 내가 대치동에서 학원 강사 생활을 경험했으니 나에게 물어보는 것은 자연스러운 일이기도 했다. 나는 잠시 시간을 달라고 말한 뒤, 가방에서 태블릿을 꺼내 생각나는 대로 메모했다.

　· 공부 선출의 대물림 – 선출이 선출을 낳는다.
　· 일타 강사 – 슈퍼스타의 경제학

- 학원비 상한제의 암시장, 대치동
- 무엇을 가르쳐드릴까요? – 공부 오마카세
- 대치동은 진공을 허락하지 않는다. – 빈틈없는 생태계
- 콘텐츠 파워 – 시대인재 전성시대
- 가장 많은 학원이 망하고 가장 많은 학원이 생기는 곳 – 대치동 전쟁사
- 블랙홀 – 전국 커버
- 인강보다 현강이 잘 먹히는 이유 – 메가스터디 vs. 강남대성 (두각)
- 돈으로 살 수 없는 것을 사는 곳 – 학종의 문제점
- 노스트라다무스를 꿈꾸며 – 짜고 치는 고스톱
- 대치동은 F1이다. – 넌 운전만 해. 나머지는 우리가 다 할게.
- 메디컬 게이트 – 이젠 SKY가 아니라 의대!
- 탈대치 현상 – 2028년 대입제도 변경을 앞둔 폭풍전야

    이것이 당시 내 머릿속에 들어 있던 대치동의 단면이었다. 나는 지인에게 메모를 보여주며 잘 아는 주제는 장황하게, 잘 모르는 주제는 소설 쓰듯이 설명했다. 그렇게 대화를 주고받던 중에 지인이 다시 이렇게 질문했다.

"이거, 책으로 내면 어떨까요?"

이 책은 그렇게 시작됐다.

대치동을 이해하는 키워드, 시스템

책을 내보자는 제안을 나는 큰 고민 없이 수락했다. 고작 몇 분 만에 저 많은 주제를 떠올리고 몇 시간을 떠들었으니, 며칠을 생각하면 책 한 권을 구성하는 것이 어려울 것 같지 않았다. 집필 기간도 한두 달이면 충분할 듯했다.

그날 집에 돌아올 무렵에는 나 정도의 저자는 없을 거라는 생각까지 했다. 나는 LG경제연구원 컨설턴트를 지냈고, 영어 학원 프랜차이즈 전략책임자도 지냈으며, 수학학원의 강사와 원장까지 다양한 경험을 했다. 또 강사로서는 대치동뿐만 아니라 반포동, 마포구, 은평구 등 서울 권역과, 일산, 분당, 인천, 전주 등 다른 지역에서 아이들을 가르친 경험도 있었다. 경영·경제학적으로 대치동을 분석하며 다른 지역과도 비교해서 설명할 수 있는 적임자는 내가 생각해도 나밖에 없었다.

환상이 깨지는 데는 얼마 걸리지 않았다. 출간 계약을 하고서 며칠 지나지 않아 경솔했던 자신을 후회했다. 내가 아는 대치동은 걸모습 일부에 불과했다. 대치동이 어떤 세월을 거쳐 어떤 필연성을 가지고 지금의 모습이 되었는지, 이를 가능하게 한 그 내부의 체계와 동력은 무엇인지, 지금의 대치동을 만든 사회·경제적 요인은 무엇인지 조금만 깊이 들어가서 질문을 던져보았더니 하나도 대답할 수 없었다.

절망적인 심정으로 책장에 꽂힌 경영서와 경제서를 들여다보다가 그중 어느 한 권에 눈이 딱 멈췄다. 도넬라 메도우스[Donella H. Meadows]가 쓴 『Thinking in Systems』(Chelsea Green Publishing, 2008)라는 책이었다. 메도우스는 미국의 환경 과학자이자 시스템 분석가로, "시스템이란 참여자들의 바람과는 상관없이 그 자신의 목적에 따라 작동하는 유기체"라고 설명했다. 이를 떠올리자마자 갑자기 머릿속이 환해졌다. 현재의 대치동을 일목요연하게 설명하는 완벽한 접근법이었다.

시스템의 목적과 우리의 목적은 다르다

'의료 시스템의 목적이 무엇인가?'라는 질문을 들으면 대개 '환자를 건강하게 만드는 것'이라고 대답한다. 그러나 의료 시스템의 진짜 목적은 '당장 필요한 치료를 실시하는 것'이다. 건강은 치료의 부산물일 뿐이다. 이번에는 사법 시스템을 보자. 사법 시스템의 목적은 '정의 구현'이 아니다. 사법 시스템의 진짜 목적은 '눈앞의 잘잘못을 논리적으로 따지는 것'일 뿐이다. 기존에 만들어진 법과 절차에 따라 죄의 구성 요건을 따지는 것이기 때문에, 일반적인 상식과 정의에 부합하지 않는 결과가 얼마든지 나타날 수 있다.

시스템은 참여자가 바라는 대로 움직이지도 않고, 참여자가 바라는 것을 산출하지도 않는다. 시스템은 그 자신의 목적에 따라 움직이며 그 목적에 부합하는 것을 산출한다. 또 시스템은 완벽하지도 않고 그 나름의 한계와 부작용을 가진다.

그렇다면 우리는 그런 시스템을 왜 없애버리지 않고 굴러가게 하는 것일까? 답은 간단하다. 우리 자신의 목적을 위해서는 그 시스템이 필요하기 때문이다. 우리에게 '건강'이라는 부산물이 필요하기 때문에 의료 시스템을 유지하는 것이고, '정의'라는 부산물이 필요하기 때문에 사법 시스템을 유지하는 것이다.

대치동 시스템의 정체는 무엇인가

메도우스는 시스템에 개입하여 영향을 줄 수 있는 12가지 개입 지점Leverage Point을 제시했다. 여기서 개입 지점이란 하나의 작은 변화가 시스템 전체의 큰 변화를 만들어낼 수 있는 지렛대를 뜻한다. 이에 따라 살펴보니, 놀랍게도 대치동의 구성원들은 이미 자신에게 맞는 개입 지점을 찾아서 영향력을 행사하고 있었다.

메도우스의 12가지 개입 지점과 대치동에서 일어나는 현상들을 서로 대응하면 [표 0-1]과 같다. (여기서 개입 지점의 번호가 작을

수록 시스템 전체를 바꾸는 효과는 크다.)

12가지 개입 지점		일반 사례	대치동 사례
1	패러다임 초월	성공에서 행복으로	AI 주도권 초읽기
2	패러다임 전환	기업의 블라인드 채용	판서 수업에서 초개인화
3	목표	신입생 선발의 목표가 성적인가, 역량인가?	SKY 공장에서 메디컬 게이트로 목표 수정
4	자기 조직화	부자들이 재산을 사회에 환원하는 문화	대치동 학부모들이 강사 네트워크를 구축하여 다양하게 교류함
5	규칙, 상벌	수능 제도 변화	'생각하는황소'의 엄격한 규칙
6	정보의 흐름	한우 이력제	학부모들의 오프라인 정보 교환, '디스쿨' 같은 온라인 커뮤니티
7	강화 피드백	선순환 구조	대치동의 의대 입시 결과가 전국에서 최상위권 학생을 대치동으로 끌어들임
8	균형 피드백	체온이 높아지면 땀을 흘려 체온 낮춤	입학테스트, 레벨테스트 탈락 시 개인과외를 이용해 보충
9	지연Delay	담배가 건강에 미치는 악영향이 지연되면서 담배를 계속 피움	테스트를 자주 실시하여 평가의 지연을 방지
10	물질의 흐름	원두커피의 주문량 조절	교육을 위해 대치동에 전입, 교육이 끝나면 전출
11	완충재Buffer	재고 물량, 통장 잔고	대치동 입성을 위해 대기 중인 원장, 강사, 학생
12	숫자	학교 앞 30km/h 속도 규제	학원비 규제, 운영시간 규제

[표 0-1] 메도우스의 12가지 개입 지점과 대치동

따라서 이 책에서는 메도우스의 시스템 이론에 기반하여 대치동 시스템을 설명하며, 특히 다음 질문들에 관해 답을 내려보고자 한다.

1. 대치동 시스템을 굴러가게 하는 동력은 무엇인가?
2. 대치동 시스템의 보이지 않는 목적은 무엇인가?
3. 인풋은 왜 통제해야 하는가?
4. 아웃풋의 품질은 어떻게 보장하는가?
5. 대치동 시스템은 어떻게 원하지 않는 결과를 제거하고 원하는 결과를 강화하는가?
6. 대치동의 강의 시스템은 어떻게 진화하는가?
7. 대치동 시스템에서 정보는 어디에 모이고 어떻게 흐르는가?
8. 문화는 왜 시스템 자체보다 중요한가?
9. 사람들은 대치동은 욕하면서 그 시스템은 왜 따라 하는가?
10. 시스템의 부작용은 왜 필연적인가?

이 책을 읽고 나면 대치동 시스템이 무엇인지 알게 될 것이다. 그러고 나면 '우리는 대치동 시스템을 어떻게 받아들여야 할 것인가?'라는 또 다른 질문이 생길 것이다. 그때 나는 메도우스의 철학을 참고하라고 말하고 싶다. 그녀는 "시스템과 춤을 추라."라고 말했다. 시스템을 억지로 통제하려 들지 않고 시스템이 우리에게 말하는 것을 경청하자는 것이다. 시스템의 속성을 이해하고 이를 통해 더 나은 무언가를 만들어가자는 것이다.

책을 쓰자고 제안해준 '그 지인', 세이코리아 박진희 본부장과 글에 윤기를 더해준 손성원 수석, 그리고 생각이 막힐 때마다 지혜를 빌려준 전주의 소순관 호수언어연구소장에게 감사의 인사를 전한다. 이 책을 통해 앞으로 학생과 학부모 그리고 우리 학원 동지 여러분 모두가 시스템과 함께 즐겁게 춤추며 더 나은 곳으로 나아가기를 깊이 바란다.

대한민국 주요 학군지 종합 분석 및 순위

본격적인 이야기를 시작하기에 앞서 국내의 주요 학군지를 살펴보고 각각의 순위를 매겨볼 것이다. 학군지를 분석하고 평가한 기준은 다음과 같다.

① 사교육 인프라 : 학원의 밀집도와 과목별 전문성, 선택의 폭

② 고등학교 입시 성과 : 특수목적고등학교(이하 특목고)와 자율형사립고등학교(이하 자사고)의 진학 통로로서의 역량

③ 대학교 입시 실적 : 특히 의대와 서울대 진학 실적

④ 면학 분위기 : 지역의 교육열, 교육 허브로서의 기능과 상징성 등 정성적 요소

물론 학군지를 평가하는 더 많은 요소가 있을 수 있으며, 같은 요소를 평가하더라도 가중치를 어디에 두느냐에 따라 순위가 달라질 수 있다. 그러니 순위보다는 분석과 평가 자체에 무게중심을 두고 볼 것을 권한다.

I. 국가 대표 학군: 대치동을 포함한 강남 8학군

● 대치동(강남구, 서초구): 최상위권 학생을 위한 학원 도시

강남 8학군의 핵인 대치동은 서울은 물론 전국의 최상위권 학생과 교육열이 높은 학부모들을 끌어들이는 '블랙홀'로 기능한다. 블랙홀이 주변의 물질을 흡수하여 그 크기가 더욱 커지고 강력해지는 것처럼, 전국의 인재와 자원을 빨아들여 더욱 치열한 경쟁구조를 만들고 이것이 탁월한 성과로 이어지는 선순환 구조를 이루고 있다.

2024년 기준으로 대치동에는 1,400여 개에 달하는 학원이 밀집해 있어 전국에서 가장 높은 학원 밀집도를 자랑한다. 그러나 대치동의 진짜 강점은 단순히 숫자에 있지 않다. 대치동에는 대형 종합학원뿐만 아니라 특정 과목에 고도로 특화된 중소 규모의 전문학원들이 촘촘한 생태계를 이루고 있다. 이는 학생 개개인의 필요에 맞춰 교육 포트폴리오를 무한에 가깝게 조합할 수 있게 하는 원동력이다.

대치동은 도시 자체가 교육을 중심으로 구성되어 있다. 지하철 3호선 대치역에서 은마아파트 사거리로 이어지는 길은 이 학원도시의 중심가로서 주변 건물 대다수가 학원으로 채워져 있다. 식당, 카페, 인쇄점 등 상권 역시 학생과 학부모의 동선에 맞춰져 있어 학습이 일상의 중심이 되는 독특한 환경을 조성한다. 밤 10시가 넘으면 수업을 마친 학생들이 이들을 기다리는 학부모의 차량에 탑승하느라 일대가 북새통을 이루는 것이 매일의 풍경이다.

대치동 학원가의 강사진은 SKY 대학 및 해외 명문대 출신이 다수를 차지하며, 이는 자연스럽게 높은 기대 수준과 엄격한 교육 기준으로 이어진다. 많은 학원들이 학년과 무관하게 철저한 레벨 테스트를 통해 반을 편성한다. 이 시스템은 우수한 학생들이 자신의 속도에 맞춰 빠르게 선행 학습을 진행할 수 있게 한다.

강남 8학군 내 중학교들은 특목고 및 자사고로 학생들을 보내는 주요 통로로 기능한다. 휘문중, 신사중, 대청중과 같은 학교들은 특목고와 자사고 진학률이 무려 30~40퍼센트를 상회하는 경이로운 수치를 꾸준히 기록하고 있다.

강남 8학군 소속 고등학교들은 전국 단위 대입 실적 순위의 최상단을 장악하고 있다. 2024학년도 대입에서 중동고는 42명, 휘문고는 33명, 세화고는 33명의 학생을 서울대로 보냈다. 의대 진학 실적은 더욱 놀랍다. 2024학년도 서울대 의대 입시에서 중동고는 대구 경신고와 함께 전국에서 가장 많은 4명의 합격자를 배출했으며, 세화고, 휘문고, 중산고가 각각 3명의 합격자를 내는 등 압도적인 성과를 보였다.

하지만 강남구와 서초구는 전국에서 가장 낮은 대학 진학률을 기록하고 있다. 2024년 기준 강남구의 대학 진학률은 47.4퍼센트에 불과하다. 이 역설은 강남 학군만의 독특한 성공 철학을 드러낸다. 이 학군지에서 '성공적인 대입'의 정의는 의·치·한·약·수와 SKY 계열로 극도로 좁혀져 있다. 대치동에는 이 목표에 미치지 못한 학생들이 재수를 통해 다시 한번 최상위권에 도전하는 것을 당연하게 여기는 문화가 형성되어 있다.

II. 대치동의 강력한 도전자들 : 목동과 중계동

● 목동(양천구): 서부 전선의 챔피언

목동에는 서울에서 두 번째로 큰 규모의 거대한 학원가가 자리해 있다. 목동 학원가의 가장 큰 특징은 전통적으로 특목고와 자사고 등 고교 입시에 매우 강한 면모를 보인다는 점이다. 목동은 서울 서부권의 교육 수요를 빨아들이는 '또 하나의 블랙홀'로, 주변의 영등포, 구로, 광명뿐 아니라 인천의 상위권 학생들이 이곳에 유입된다.

목동의 중학교들은 전국구 수준의 경쟁력을 자랑한다. 특히 특목고와 자사고 입학에 강점을 가지고 있는데, 진학률을 보면 양정중이 43.85퍼센트, 목운중이 24.57퍼센트, 월촌중이 18.8퍼센트다. 2022년을 기준으로 목운중은 특목고 진학률에서, 양정중은 자사고 진학률에서 지역 내 최고를 기록했다.

초등학교에서 고등학교까지 이어지는 목동의 진학 시스템은 매우 효과적으로 작동하고 있다. (물론 서울대와 의대 등 대학 입시에서도 좋은 성과를 보이고 있지만, 최상위권이 대치동에 의존하는 것은 목동이라고 예외가 아니다.) 목동의 교육 생태계는 중학교에서 고등학교로 넘어가는 전환기에 초점이 맞춰져 있다. 따라서 자사고나 특목고에 진학하는 것이 성공적인 대학 입시의 가장 중요한 단계라고 믿는 학부모들에게 매우 전략적인 선택지가 될 수 있다.

● 중계동(노원구): 강북의 맹주

'은행사거리'로 유명한 중계동은 서울의 '빅3 학군지'로 꼽히며 강북 지역 교육의 수도 역할을 한다. 이곳에는 대형 프랜차이즈 학원과 내실 있는 지역 학원들이 밀집해 강력한 학원 클러스터를 형성하고 있다. 노원구의 상명중은 특목고 및 자사고 진학률이 11.9퍼센트에 달한다. 물론 강남이나 목동의 극단적인 수치에는 미치지 못하지만, 상위권 중학교들은 고교 입시에서 높은 경쟁력을 자랑한다.

중계동의 특징은 최상위권보다는 중상위권 학생층이 두텁다는 것이다. 이곳의 초점은 전국 1등을 몇 명 배출하느냐가 아니라 다수의 학생들을 안정적으로 상위 10~20퍼센트 수준까지 끌어올리는 데 맞춰져 있다. 일종의 '인큐베이터'로서의 역할에 최적화되어 있다고 할 것이다.

중계동의 강점은 강력하고 질 좋은 교육 환경을 보다 합리적인 거주 비용으로 제공하는 데 있다. 최상위 학군지가 제공하는 혜택의 80~90퍼센트를 50~60퍼센트의 비용으로 누리고자 하는 이들에게 중계동은 서울 내에서 가장 가성비의 효율이 높은 선택지를 제공한다.

III. 경기권 엘리트 벨트 : 분당과 평촌

● 분당(성남시): 완성형 신도시의 강자

목동이나 평촌이 단일화된 거대 학원가 형태를 하고 있다면, 분당의 학원 인프라는 수내동, 정자동, 서현동을 중심으로 여러 개의 수준 높은 클러스터가 분산돼 있다. 이 가운데 수내동은 명문 학원들이 모여 분당 교육열의 심장부로 불린다.

분당의 명성은 매우 우수한 중학교 학군에 기반한다. 2016년 전국 100위권 중학교 중 분당은 무려 17개를 보유했다. 2022년에는 비록 7개로 줄었지만, 여전히 막강한 파워를 자랑한다. 분당

내 26개 중학교의 특목고 및 자사고 진학률 평균은 10.03퍼센트에 달한다. 이는 학부모들에게 큰 매력 요소다.

또 분당은 전국 최고 수준의 일반고를 보유하고 있다. 이 가운데 낙생고는 2024학년도 대입에서 무려 29명의 서울대 합격자를 배출하여 전국 일반고 중 1위를 차지했다. 학교 자체 발표 자료에 따르면 서울대 27명, 의대 48명의 합격 실적을 기록했다. 이는 학생들이 굳이 지역을 벗어나지 않고도 대입의 정점에 도달할 수 있음을 보여준다.

분당은 신도시로서 공원과 편의시설 등 매우 바람직한 생활환경을 갖추고 있다. 교육에만 모든 것이 집중된 대치동의 고밀도 도시 환경과 달리, 분당은 최상위권 학업 성과를 놓치지 않으면서도 여유로운 '균형 잡힌' 라이프스타일을 제공한다. 즉, 최상위 교육, 우수한 학원, 강력한 공립학교, 그리고 높은 삶의 질을 모두 갖추고 있다. '엘리트 주거 생태계'라는 완전한 패키지를 제공하는 것이다. 따라서 최상위권 학업 성과를 원하면서도 서울 중심부의 정신없는 환경보다는 덜 혼잡하고 가족 친화적인 분위기를 중시하는 이들에게 분당은 수도권 전체에서 가장 이상적인 선택지일 수 있다.

● 평촌(안양시): 서남부 교육 허브

평촌은 경기 서남부권의 절대적인 1위 학군지로서 과천, 의왕, 군포의 우수 학생들까지 흡수하는 교육 특구다. 평촌대로를 따라 목동에 버금가는 규모의 거대하고 밀집된 학원가가 있고, 이곳에는 모든 과목의 학원과 카페 등 지원 시설로 가득 차 있다.

평촌 학군의 명성은 우수한 중학교들에 의해 뒷받침된다. 이 가운데 안양의 귀인중학교는 특목고와 자사고 진학률이 10퍼센트를 넘어 경기도 최상위권 중학교 중 하나라 평가받는다.

평촌 학군은 뚜렷한 특징은 외국어고등학교 진학의 최강자라는 점이다. 인문·국제 계열 엘리트 트랙을 목표로 하는 학생들을 위해 특화된 파이프라인이 구축돼 있다. (반면 과학고등학교 진학 실적은 상대적으로 약세로 평가된다.) 자녀가 언어와 인문학에 특별한 재능을 보이는 가정에게 평촌은 다른 일반적인 학군보다 엘리트 외고로 가는 매우 전략적이고 효율적인 경로를 제공한다.

IV. 지방의 챔피언들: 대구 수성구, 부산 해운대구, 대전 둔산동

● 대구 수성구: 의대 사관학교

범어동을 중심으로 한 수성구는 영남권 전체 교육의 심장부다. 대구시 전체 학원의 30퍼센트가 여기 밀집해 있다. 수성구 학원가는 밤늦게까지 불이 꺼지지 않을 만큼 교육열이 치열하다.

의대 입시 실적은 수성구를 정의하는 가장 중요한 특징이다. 경신고등학교는 전국적인 명문으로, 2024학년도 입시에서 43명의 의대 합격자를 배출했다. 그 가운데 4명은 서울대 의대에 합격하여 전국 고등학교 가운데 서울대 의대 진학률 1위를 차지했다. 이외에도 수성구의 고등학교들은 꾸준히 다수의 의·치·약대 합격생을 배출하고 있는데, 전국 9개 지방거점국립대 의대에 46명의 등록자를 배출하며 전국에서 두 번째로 큰 공급처 역할을 했다. (참고로 첫 번째는 전국 자사고인 전주의 상산고다.)

수성구 학군은 압도적으로 의대 입시에 치우쳐 있다. 이곳에서는 "서울대보다 의대가 위에 있다."라는 말이 통용된다. 이러한 목표 지향성은 특화된 교육 생태계를 창조한다. 수능 과학탐구 고득점 전략과 복잡한 다중미니면접MMI 대비까지 포함하여 학원, 학교 진학 상담, 그리고 학생들 간의 분위기까지 모든 것이 '의대 진학'이라는 단 하나의 목표를 위해 최적화되어 있다. 대구 수성구는 지역인재전형의 이점까지 더해져 어떤 면에서는 대치동을 능가하는 환경과 전략적 우위를 제공한다. 이는 '특화된 챔피언'의 전형이다.

●부산 해운대구 : 강력한 올라운더
부산 최대 규모의 학원가는 해운대 신시가지(좌동)와 센텀시티를 중심으로 펼쳐져 있다. 이곳은 서울의 유명 학군지에 비견될 만큼 다양한 과목과 높은 수준의 교육 서비스를 제공한다.

해운대구의 중학교들은 특목고 및 자사고 진학률에서 부산 내 최상위권을 형성한다. 2025년 기준으로 센텀중학교는 24.8퍼센트라는 경이로운 진학률을 기록했으며, 이어 해운대여자중학교가 19.63퍼센트, 해운대중학교가 18.35퍼센트, 해강중학교가 16.9퍼센트로 다수의 학교가 10퍼센트를 훌쩍 넘는 높은 진학률을 보였다.

자사고인 해운대고등학교는 2024학년도 대입에서 의대 33명을 포함해 의·약학계열 합격자를 다수 배출하며 강력한 이과 경쟁력을 입증했다. 일반고인 센텀고등학교도 4년제 대학 진학률이 97.56퍼센트에 달하는 등 지역 일반고 역시 높은 학업 성취도를 보이고 있다. 즉 해운대 학군은 특정 분야에 특화되기보다는 모든 면에서 뛰어난 성과를 내는 종합형 학군지에 가깝다.

●대전 둔산동: 연구 · 기술 인재의 산실

둔산동은 대전 및 충청권의 핵심적인 학업 및 상업 중심지다. 이곳에는 모든 과목과 수준을 아우르는 학원가가 형성되어 있다. 대덕연구단지와 KAIST에 인접해 있어 수학과 과학에 대한 강한 집중과 학구적인 분위기가 특징이다.

연구단지 인근 유성구에 위치한 대덕중은 특목고 및 자사고 진학률이 32.46퍼센트로 전국 최상위권이며, 특히 과학고 진학 실적이 뛰어나다. 대전과학고와 같은 지역 고등학교들은 전국 최고 수준의 명문고다.

대전의 학군 경쟁력은 과학 연구 도시라는 지역적 특성과 꾸준히 연결된다. 박사급 연구 인력이 다수 거주하는 지역 문화는 STEM(과학·기술·공학·수학) 분야를 중시하고 뛰어난 성과를 내는 독특한 학업 환경을 조성한다. 교육 생태계 자체가 미래의 과학자와 엔지니어를 양성하는 데 맞춰져 있다.

V. 떠오르는 별 : 인천 송도, 천안 불당동, 서울 마포구와 성북구

●인천 송도: 현대적인 국제도시

현대적인 인프라를 갖춘 신도시 송도는 단기간에 주요 학군지로 자리 잡았다. 대규모 학원가를 갖추고 있으며, 국제적인 특성을 반영하듯 영어 유치원 수가 매우 많다. 2025년 특목고 및 자사고 진학률은 예송중학교가 25.54퍼센트로 인천 지역 1위를 기록했으며, 신정중학교는 25.23퍼센트를 기록했다.

인천의 유일한 영재학교인 인천과학예술영재학교는 2023년 대입에서 졸업생 75명 중 30명이 서울대에 합격했다. 포스코교육재단이 운영하는 광역 자사고인 포스코고등학교는 2024학년도 입시에서 의대 22명을 포함해 의·약학계열에 총 44명의 합격생을 내며 이과 계열에서 특히 강세를 보이고 있다. 채드윅송도 국제학교 또한 졸업생의 절반 이상이 하버드, 스탠퍼드 등 아이비리그를 포함하여 세계적인 명문 대학에 진학하는 것으로 알려져 있다. 다만 송도는 아직 시스템이 완전히 갖춰지지 않아 학생들 간의 학업 성취도 격차가 큰 편이며, 최상위권 학생들은 논술이나 면접, 수능 등 대학 입시를 준비하기 위해 대치동 학원가를 이용하는 경향이 있다.

● 천안 불당동: 충남의 신흥 강자

불당동은 '천안의 강남'으로 불리는 충남 지역 최고의 학군지다. 양질의 학원 클러스터가 빠르게 성장하고 있으며 고학력 인구를 끌어들이고 있다. 천안불당중은 15.18퍼센트의 특목고 및 자사고 진학률을 보이며 충남에서 최상위권 성적을 기록했다. 최근에는 이과 계열 준비에 강한 학군이라는 명성을 얻고 있다.

● 마포구, 성북구: 서울의 새로운 전선

마포구와 성북구는 마포래미안푸르지오, 길음뉴타운과 같은 대규모 신축 아파트 단지 개발에 힘입어 새로운 학군 강자로 부상하고 있다. 신축 아파트에 고소득, 고학력 중산층 가정이 대거 유입되면서 과학고 및 영재학교 합격률이 상승하는 등 지역의 학업 성과가 구체적인 데이터로 증명되고 있다.

[표 0-2]는 이제까지 언급한 평가 요소를 바탕으로 매긴 점수 표다. 처음에 언급한 것처럼 참고만 하길 바란다.

표와 별도로 11위를 기록한 곳은 경기도 수지구의 풍덕천동이다. 용인 전역의 교육 수요를 흡수하는 광역 학군지의 역할을 수행한다. 12위는 경기도 광교신도시다. 경기 남부권의 새로운 교육 중심지로 빠르게 부상하고 있다. 13위는 경기도 고양시 일산서구의 후곡마을이다. 경기 서북부의 초대형 학원가 허브다. 14위는 광주광역시 남구의 봉선동이다. 광주 최고의 학군지로 '광주의 대치동'이라 불린다. 15위는 경기도 고양시 일산동구의 식사동이다. 고양국제고등학교와 자율형 공립고인 저현고등학교가 위치한 것이 핵심 경쟁력이다. 16위는 마포구 대흥동이다. 대규모 신축 아파트가 전문직 맞벌이 부부 등 교육에 대한 투자 의지가 강한 인구층을 끌어들이고 있다. 17위는 부산광역시 금정구 구서동이다. 특목고 및 자사고 진학에서 강점이 있다. 18위는 충남 천안시 서북구 불당동이다. 충청권의 신흥 '강남'으로 불린다. 19위는 전북 전주시 완산구 효자동이다. 전통적인 교육 중심지다. 20위는 경기도 화성시 동탄이다. 미래의 핵심 교육 허브로 발전할 가능성이 높은 곳이다.

순위	학군지	지역	인프라 지수	특목고 및 자사고 진학률	서울대/의대 합격 지수	정성적 평가 (학군지의 허브 기능과 상징성)	종합점수
1	강남	서울	10.0	30%+	10.0	초경쟁, 전국최상위권	98
2	목동	서울	9.5	25%+	8.5	특목고 및 자사고 특화	92
3	분당구	경기	9.0	10%+	9.0	균형 잡힌 최상위권	91
4	수성구	대구	8.5	10%+	9.5	의대입시 최강	90
5	해운대구	부산	8.5	20%+	8.0	강력한 올라운더	86
6	중계동	서울	8.0	5%+	7.0	안정적인 중상위권	85
7	평촌	안양	8.5	10%+	7.0	외고입시 특화	84
8	송파구	서울	8.0	15%+	7.5	최고의 대치동 활용률	82
9	둔산동	대전	8.0	10%+	7.5	이과 교육 강세	81
10	송도	인천	7.5	10%+	6.5	최고의 교육열	78

[표 0-2] 학군지 종합 순위표

CHAPTER 1

대치동 학원가: 엘리트 교육의 성지, 대치는 지금

붉은 여왕의 나라,
대치 스트리트

뉴욕 맨해튼에 위치한 세계 금융의 중심지, 월스트리트는 글로벌 자본시장을 실질적으로 움직이는 핵심 역할을 한다. 월스트리트에는 뉴욕 증권거래소NYSE와 나스닥NASDAQ 등 세계 최대 규모의 증권거래소가 자리하고 있는데, 두 거래소의 시가총액을 합치면 약 44조 달러(약 6경 808조 원)로 한국증권거래소의 수십 배*에 달한다.

하지만 월스트리트의 진면목은 거래소가 위치한 지리적 공간에서 나오는 것이 아니다. 월스트리트의 가치는 투자은행, 증권

---

* 한국증권거래소(코스피+코스닥)의 시가총액은 약 2400조 원이다.

사, 사모펀드, 헤지펀드 등 다양한 금융기관과 이들 기관의 대표, 애널리스트, 트레이더들이 내놓는 '의견과 정보'에서 나온다. 이들이 어우러져 월스트리트 전체는 전 세계 자본시장을 움직이는 하나의 시스템처럼 작동한다.

대치동 역시 마찬가지다. 지리적으로 대치동에 있는 학원의 수나 밀집도를 따져보면 다른 지역에 비해 절대적인 우위를 보인다.* 하지만 그것이 대치동이 가진 진짜 힘은 아니다. 대치동에 '사교육 일번지', '사교육 메카', '사교육 허브' 등의 이명이 붙은 이유는, 실제로 대치동이 대한민국 전체 사교육의 방향성과 트렌드를 선도하는 역할을 오랫동안 수행해왔기 때문이다. 콘텐츠를 포함한 교육 서비스의 세분화된 다양성, 혁신의 강도와 속도, 서비스의 도달 범위, 강사의 전문성, 대형학원의 수직적 통합과 전국 네트워크 구축, 교육제도 변화에 대한 대응 전략, 지금까지 누적된 고입·대입과 관련한 데이터, 학부모의 정보 네트워크 등에서 대치동은 다른 모든 지역을 압도한다.

현재 우리나라는 대입전형이 다양해지면서 대입의 초점이 '어떤 학생이 선발되는가?'라는 정보 중심의 주관적 평가 체계로 이

---

* 서울시 학원 밀집도 상위 5개 행정동 현황 (2023년 9월, BC카드 조사)
: 대치1동 61.8% | 목5동 47.9% | 중계1동 42.7% | 대치2동 40.1% | 명일2동 36%.

동했다. 자연스럽게 대치동 서비스의 중심도 '학습 제공'이라는 전통적인 개념에서 '입시 정보 제공' 서비스로 진화했고, 학습 제공은 입시 전략의 하위 카테고리로 물러났다. 다른 지역의 사교육이 아직도 학습 제공을 주류 서비스로 하는 상황에서 대치동은 입시 정보 제공 서비스를 빠르게 시작했기 때문에 관련 정보를 가장 많이 축적할 수 있었다. 결국 다른 지역에서는 고급 입시 정보를 구매하기 위해서 대치동으로 찾아오거나 대치동 학원의 온라인 서비스를 이용할 수밖에 없게 됐다.

대치동을 언급할 때 빠지지 않는 말 중 하나가 '상상할 수 있는 모든 강의가 있다.'라는 말이다. 대치동에는 진공이 없다. 사교육 생태계에서 바늘 하나 꽂을 자리가 없을 만큼 빈틈없이 강의가 개설되어 있다는 뜻이다. 내가 대치동에서 처음 강의할 때 가장 많은 들은 얘기가 "이거(까지) 가르쳐줄 수 있는가?"다. 덕분에 나도 영어로 수학 많이 가르쳤다.

대치동과 다른 지역과의 정보 격차는 점점 더 벌어지고 있다. 어느새 대치동은 열심히 걸어도 제자리며, 앞서가려면 남들보다 배는 더 빨리 달려야 하고, 조금이라도 속도를 늦추면 뒤로 낙오되는 동네가 됐다. 『거울 나라의 앨리스』에 나오는 '붉은 여왕의 나라'. 그것이 대치동의 오늘 풍경이다.

시대인재 전성시대를 이끈 프랑켄슈타인 박사들

대치동 학원 가운데 '시대인재'는 사교육계를 넘어 정치권까지 예의주시하는 뜨거운 감자다. 까다롭기 그지없는 대치동에서 지난 수십 년 동안 재수 시장을 독과점해오던 것은 '대성학원'이었다. 그런데 시대인재는 대성학원의 아성을 불과 5년 만에 넘어서고 이제는 사교육 전국 제패를 암암리에 선포했다.

대치동의 다크호스, 시대인재의 핵심역량*은 무엇일까? 이를 알기 위해 먼저 시대인재가 대치동에 모습을 드러낸 2014년으로 돌아가보자.

---

* 핵심역량core competency의 구성요소로는 지속성, 차별성, 확장성, 주도성, 핵심인력을 들 수 있다.

수능의 변화가 촉발한 대치동의 대격변

2013년 말에 치러진 2014학년도 수능은 수능사史에서 특기할 만한 사례다. 이때부터 과목의 이름이 기존의 '언수외'에서 '국수영'으로 바뀌었다. 단지 명칭이 바뀐 것만이 아니라 과목의 성격 자체가 판이하게 달라졌다.

이전 수능에서는 '언어, 수리, 외국어'라는 이름에서 추론할 수 있듯 보편적 능력치를 테스트하는 성격이 강했다. 특히 언어와 외국어는 수능을 치른 지 십수 년이 지나서 다시 풀어도 점수 차이가 그리 나지 않을 정도였다. 수리 역시 개념만 잊어버리지 않았다면 큰 차이 없이 풀 수 있었다. 탐구 과목도 상황은 크게 다르지 않았다.*

수능이 능력치를 테스트한다면, 대치동 학원가는 '어릴 때부터' 능력치를 키워주는 방향으로 진화의 압력을 받는다. 영어의 경우 원어민 수준의 능력치를 만들려면 영어에 노출되는 시기가 빠를수록 좋다는 판단에 영어유치원과 초등영어학원 줄서기가 시작됐다. 언어는 많이 읽고 많이 쓰고 많이 생각하는 것 외의 다른 길이 없기에 초등 논술학원에 힘이 실렸다. 수학도 심화 문제를 해결하는 능력치가 중요하기에 초등학교 고학년부터 심화 문제를

---

*『수능해킹』, 문호진, 단요 공저, 창비, 2024.

스스로 해결하는 습관과 '공부 몸'을 키워주는 학원에 학생들이 모이기 시작했다.

그런데 2014학년도부터는 타고난 문제 풀이 감각과 경험치가 더 이상 통하지 않게 됐다. 구조와 패턴을 제대로 배우지 않으면 아무리 상식이 많고 보편적 경험치가 많아도 시간 내에 문제를 해결할 수 없게 됐다. 거칠게 요약하면, 문제를 보자마자 빠르게 구조와 패턴 및 관계를 파악하여 평소 연습한 대로 주어진 개념들을 이리저리 꿰맞추는 퍼즐식 작업을 누가 더 잘하는가의 게임으로 바뀐 것이다.

이때부터 대치동의 분위기가 묘하게 흘러갔다. 사실 수능이 '보편 경험치'가 아니라 '특수 능력치'를 요구하는 시험으로 바뀐 것은 대치동 생태계를 뿌리째 뒤흔드는 대격변이었다. 여기에는 대치동 사교육으로 길러지는 보편 경험치의 가치를 강제로 낮춰서 사교육을 근절시키려는 정부와 교육 당국의 의도가 깔려 있었다.

그런데 이 조치는 뜻밖에 누구도 예상하지 못했던 '공룡'을 탄생하게 했다.

대치동의 프랑켄슈타인 박사들

2014년부터 새롭게 바뀐 수능에서는 보편 경험치가 없어도 특수 능력치만 키우면 누구나 수능을 잘 볼 수 있게 됐다. 이 변화를 한마디로 정리하면 '운의 비중이 극적으로 줄어들었다.'라고 할 수 있다.

기존의 보편 경험치를 테스트하던 수능에서 점수를 따는 데는 '운'의 비중이 대단히 높았다. 풀이 방향이 운 좋게 떠오르면 맞고 운 나쁘게 떠오르지 않으면 틀렸다. 재수생이든 N수생이든 별 차이가 없었다.

하지만 특수 능력치를 테스트하는 수능은 철저하게 준비한 자에게 확실한 고득점을 선물한다. 시험이라는 특성상 '운'이 비중이 완전히 없어진 것은 아니지만, 비교할 수 없을 만큼 줄어들었다. 이때부터 핵심은 "특수 능력치를 어떻게 키울 수 있는가?"로 정리됐다. 막 알을 깨고 나온 공룡, 시대인재는 바로 그 답을 찾아서 시장에 진입했다.

과거의 모의고사는 수능이나 평가원* 모의고사 기출 문제와 비슷한 유형을 실은 문제집에 불과했다. 사실 경험치를 테스트하는 시험이기 때문에 달리 방법이 없기는 했다. 수능 유형과 결이 다른 모의고사들도 시중에 많이 풀렸다. '운'의 영역을 넘고 싶었던 최상위권 학생들은 이런 모의고사까지 사서 풀곤 했다.

그런데 시대인재는 2014학년도 수능 문제를 해체하여 평가원

---

* 한국교육과정평가원. 수능 출제를 담당하는 교육기관이다.

이 요구하는 특수 능력치를 유전자의 게놈 지도처럼 도해圖解했다. 시대인재는 마치 프랑켄슈타인 박사처럼 기출 문제의 유전자 게놈 지도를 가지고 새로운 생명체(문제 유형)를 만들어내기 시작했다. 이제 시대인재는 특수 능력치를 훈련할 수 있는 다양한 형식의 콘텐츠를 수능 시험 전까지 일관성 있게 제공하고 있다.

시대인재의 오우석 대표는 「포춘 코리아FORTUNE KOREA」와의 인터뷰에서 이런 창조적 행위를 "수능 시험의 '메타 값'을 찾았다."라는 말로 표현했다. * 그는 시대인재에는 1,000명이 넘는 프랑켄슈타인들이 있으며, 한 과목당 여러 개 팀이 경쟁하고 협력한다고 밝혔다. **

물론 시대인재 이전에도 이해원 *** 이나 문호진 등 모의고사 문제집을 만들어 파는 개인이나 팀이 있었다. 하지만 많아야 수십 팀 정도에 불과했다. 각각의 모의고사들도 일관성이 없어서 훈련용으로 적합하지 않았다. 그런데 지금은 시대인재 한 곳에만 수백 개의 팀이 존재한다. 마음만 먹으면 바이러스처럼 수천 개 팀으로

---

* 오우석 대표는 시대인재의 모회사인 하이컨시의 지분을 거의 대부분 보유한 실질적인 소유자다. 그는 2014년에 창업한 이후 2023년에야 처음으로 언론의 인터뷰에 응했다.
** 지금은 2,000명 이 넘는 프랑켄슈타인 박사들이 있다고 한다.
*** 이해원은 역대급으로 어려웠던 2011학년도 수리 가형 수능 만점자 출신으로, 2011년에『이해원 모의고사』와『한완수(한권으로 완성하는 수학)』시리즈 등을 출간했다.

복제할 수도 있다. 실질적으로 무한대에 가까운 콘텐츠를 제공할 수 있게 됐다는 뜻이다.

시대인재 오우석 대표의 전략
: 학원의 본질적 가치는 콘텐츠의 품질에 있다

처음 창업했을 때 오우석 대표에게는 두 가지 선택지가 있었을 것이다. 하나는 과거의 다른 대형학원들처럼 학원을 세우고 일타 강사(일등 스타 강사)를 영입하여 자신의 콘텐츠를 알리는 것이고, 다른 하나는 콘텐츠를 먼저 띄운 다음 그 힘으로 학원을 세우고 일타 강사를 빨아들이는 것이다. 사실 브랜드 없이 일타 강사를 영입하는 것도 어려운 일이고 신규 콘텐츠를 대치동에 론칭한다는 것 또한 쉽지 않은 일이다. 오 대표는 후자를 선택했고, 옳은 선택으로 드러났다.

오 대표의 선택과 성공에는 수시와 정시라는 게임의 본질이 서로 다르다는 점이 크게 작용한 것으로 보인다. 근본적으로 수시러(수시로 대학에 가려는 학생)들은 제로섬에 기반한 경쟁 관계에 놓여 있다. 반면 정시러(정시로 대학에 가려는 학생)들은 전국적으로는 경쟁 관계지만 지역이나 학교 차원에서는 협력 관계를 맺을 수 있다. 같은 학교에서 등수와 등급을 경쟁하는 학생끼리는 정보 교환이 드물고, 정시를 함께 준비하는 학생들은 기꺼이 서로의 정보를 나눈다는 뜻이다. 따라서 시대인재의 콘텐츠가 일부 최상위권 정시러들의 인정을 받으면 퍼지는 것은 시간문제일 뿐이었다.

　대입을 깎아지른 암벽을 오르는 일에 비유한다면, 대치동 학원을 이용하는 것은 그들이 설치해둔 비계Scaffold*를 타고 오르는 것과 마찬가지다. 남들은 악전고투를 거듭할 때 훨씬 편하게 높이 올라갈 수 있다. 그러나 대치동 학생들의 재수 비율은 다른 지역에 비해 매우 높다.** 상위권 학생들은 대부분 목표로 삼은 정상 근처까지는 올라가지만, 마지막 고비를 넘지 못하는 경우가 많기 때문이다. 이를 표현한 것이 [그림 1-1]이다. 그리고 시대인재가 한 일은 [그림 1-2]처럼 정상까지 걸어서 도달할 수 있는 마지막 비계를 건설한 것이었다.

　시대인재는 자신들이 만들어낸 콘텐츠의 효과가 수능 시험에서 입증되자 발 빠르게 플랫폼 사업을 시작했다. 세간에 시대인재는 최상위권 학생을 장학금으로 유입하고 일타 강사는 좋은 계약 조건으로 영입하며 성장했다고 알려져 있지만, 이는 달리는 말에 채찍질을 가한 것일 뿐이다. 그보다는 고도로 설계된 수능 콘텐츠

---

* 건물을 짓기 위해서 건물 밖에 임시로 만든 계단. 여기서는 진입장벽을 낮추는 장치라는 의미로 사용했다.
** 강남 8학군 학교의 재수 비율은 거의 50퍼센트가 넘는다.

[그림 1-1] 대치동 비계와 마지막 고비

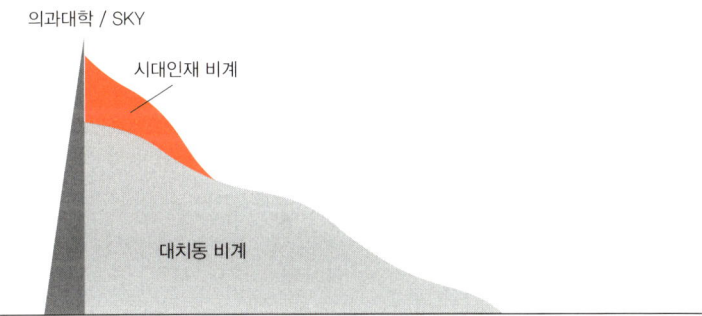

[그림 1-2] 시대인재가 건설한 마지막 비계

가 강력한 페로몬처럼 작용하여 최상위권 학생들을 시대인재로 불러들이고, 이들이 일타 강사들을 시대인재로 유인하고, 일타 강사가 다시 최상위권 학생을 빨아들이는 선순환 구조가 제대로 맞물려 돌아가기 시작했다고 보는 편이 맞을 것이다. 수능 콘텐츠를 자신의 연구소에서 만들며 인력과 비용을 적잖이 투입하던 일타 강사의 입장에서도, 자신은 강의만 하고 시스템이 콘텐츠 라인업을 만들어주는 시대인재에 합류하는 편이 여러모로 효율적이었을 것이다.

2017년에 재수종합학원을 개원한 시대인재는 2020년에 매출 1000억 원을 달성했고, 2023년에는 3000억 원의 벽을 넘었으며, 2025년에는 5000억 원을 돌파할 것으로 예상된다. 온라인이 아닌 오프라인에서 거둔 성과라서 더욱더 역대급 성공으로 받아들여진다. 물론 코로나 시기에 시대인재가 여러 학원을 인수하기도 했고, 의대 증원 이슈로 N수생이 급증하는 등 외부적 요인이 매출을 견인하기는 했지만, 본질적으로 시대인재 자신이 수능 시장의 파이를 키운 측면이 더 크다. 지금까지 N수 시장의 진입장벽으로 작동한 '시험은 운'이라는 대전제를 시대인재가 바꿔놓았기 때문이다.

시대인재는 지금 더 큰 꿈을 꾸고 있는 것처럼 보인다. 오우석 대표는 대입뿐만 아니라 초중고 전체를 아우르는 교육 엔진을 만들겠다고 밝혔다. 이에 따라 초중고 교과 학원과 영재학원을 인수하는 한편, 로스쿨 학원까지 인수하면서* 오프라인의 메가스터디**를 만들기 위한 퍼즐 조각을 모으고 있다.

---

* 시대인재가 인수하거나 제휴한 학원으로는 S1학원(2020), 대찬학원(2021), 세움학원(2021), 다원교육(2023), 하늘교육(2025)이 있고, 2024년 12월에는 상상로스쿨과 전략적 제휴를 맺었다.

** 2000년에 설립된 사교육 대기업. 초등학생부터 고등학생, 의학전문대학원, 법학전문대학원, 약학대학, 대학편입학 준비생 등을 대상으로 다양한 온라인 강의를 제공하며 오프라인 학원과 교재 출판 등의 사업을 운영하고 있다.

피카소의 〈황소〉와
생각하는황소

故 이어령 교수가 "아, 내가 써야 할 책이 먼저 나왔다."라며 아쉬운 마음을 담아 추천사를 써준 책이 있다. 바로 로버트 & 미셸 루트번스타인Robert S. Root-Bernstein & Michele M. Root-Bernstein 부부가 쓴『생각의 탄생』(에코의서재, 2007)이다.

이 책에는 피카소Pablo Picasso가 그린 〈황소The Bull〉 연작 그림이 나온다. [그림 1-3]을 보자. 실물을 그대로 그린 듯한 그림에서 출발하여 마지막 그림에는 곡선 몇 개만 덩그러니 남았다.* 저자들은 이런 생각법을 추상화抽象化, Abstraction of Thought** 라고 부른다. 주어진 사물의 불필요한 것들을 도려내가면서 근원적인 본질을 찾아내는 과정이다.

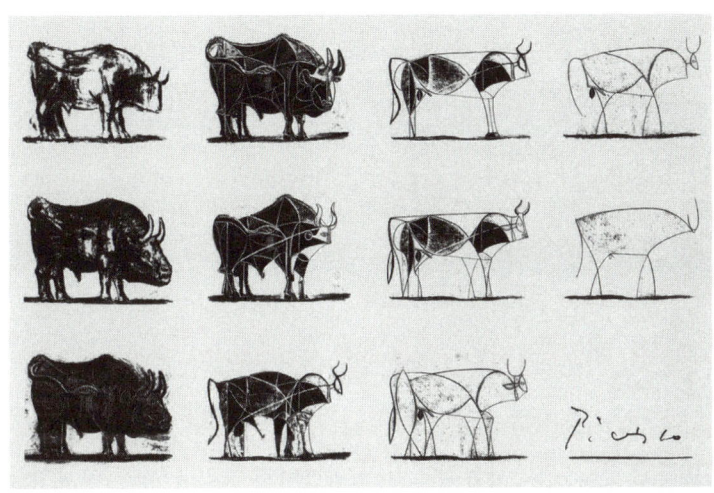

[그림 1-3] 피카소의 석판화 연작 〈황소〉

＊ 피카소가 65세에 그린 11개의 연작으로, 사물의 본질만 남기는 추상화의 과정이 잘 드러나 있다.
＊＊ 화풍畫風이 아니라 생각법을 의미한다.

학문 가운데 추상화가 가장 필요한 분야는 수학이나 과학이다. 수학은 복잡한 현상을 수식으로 추상화하는 일이며, 과학도 실험에서 얻어진 결과를 공식이나 법칙으로 추상화한다. 그래서 나는 피카소의 그림 〈황소〉를 보면 대치동의 수학 전문 학원인 '생각하는황소'가 떠오른다. 실제로 생각하는황소의 이정현 대표가 이 그림에서 영감을 얻었는지 알 수 없고, 미술에 문외한인 내가 함부로 판단할 수도 없다. 하지만 둘 사이에 시대와 장소를 뛰어넘는 어떤 연결고리가 보인다면 지나친 억측일까.

생각하는황소 이정현 대표의 전략
: 모두를 위한 시스템은 누구를 위한 시스템도 아니다

생각하는황소는 현재 시대인재와 더불어 언론의 뜨거운 조명을 받고 있다. 생각하는황소가 프랜차이즈 사업을 하면서 대치동 바깥으로 전선을 확대하자 곧바로 언론의 표적이 됐다.

가장 공격이 집중됐던 지점은 생각하는황소의 입학테스트였다. 이 테스트는 전국 지점*에서 동시에 치러지는데, 수천 명이 응시하는 것도 화제였지만 합격선이 100점 만점에 20점대인 것이 큰 이슈가 됐다. KBS 〈추적60분〉에서 서울대 재학생 5명에게

---

* 2025년 5월을 기준으로 4개의 직영점과 79개의 가맹점이 있다.

이 시험 문제를 풀게 했더니 각각 36점, 59점, 70점, 94점, 100점이 나왔다. 해당 프로그램에서는 이들이 내놓은 부정적인 견해를 방송으로 내보냈다. 또 다른 언론에서는 학부모나 전문가의 인터뷰 형식으로 '입학테스트 문제를 어렵게 내는 이유는 입학 문턱을 높여 학생과 학부모의 불안감을 조성하여 자신의 가치를 높이기 위함'이라는 논조의 기사를 쏟아냈다.

생각하는황소는 이 기사에 대해 단호하게 반박했다. 단 한 번의 시험으로 향후 진행되는 4단계의 심화 수준 가운데 어느 수준이 적합할지 측정해야 하며, 황소의 선행속도와 심화 수준에 적합하지 않다고 판단되는 학생들의 무의미한 수강을 방지하기 위해서 레벨테스트 문제를 어렵게 출제한다는 주장이었다.

나는 생각하는황소의 주장에 고개가 끄덕여진다. 애초에 레벨테스트는 철저하게 비즈니스 영역이며, 무엇보다도 시스템을 설계할 때 인풋 기준을 설정하지 않으면 시스템이 제대로 돌아가지 않는다. 더 명확하게 표현하면, 인풋 기준이 없는 시스템은 결과의 품질을 보장할 수 없다. 모두를 위한 시스템은 그 누구의 시스템도 아니다.

생각하는황소의 시스템은 얼마나 효과적이었을까? 생각하는황소는 2005년에 개원했고, 지금은 대치동 내에서도 엄청난 명성을 얻고 있다. 지금까지 20년 동안 생각하는황소가 내놓은 결과가 보잘것없었다면 결코 주목받지 못했을 것이다.

그렇다면 생각하는황소의 시스템은 무엇을 산출하는 것일까? 대치동을 포함해 수학학원 대부분은 지식을 전달하고 그렇게 전달된 지식이 기억에 남도록 관리한다. 지식의 수준과 지식을 전달하는 속도가 조금씩 다를 뿐이다. 하지만 생각하는황소의 시스템은 지식의 전달보다는 훈련을 본질적인 목표로 삼았다. 바로 '생각하는 습관'의 훈련이다.

생각하는황소에 입학한 모든 학생은 자신의 수준에 맞는 심화 문제를 맞닥뜨리게 된다. 학생들은 배우기 전에 먼저 문제를 풀어봐야 하고 판서 내용은 한 글자도 빠짐없이 필기해야 한다. 질문은 거의 허용되지 않는다. 수업 시간에 배운 개념과 사고법으로 스스로 해결해야 한다. 학원에서 못 끝내면 집에 가서도 해야 한다. 또 퀵테스트, 레벨테스트, 미션, 과제, 필기, 태도 등에 따라 다양하게 벌점과 상점이 매겨지며 그에 따른 보상과 처벌이 규정되어 있다. 모든 규정은 예외 없이 엄격하게 적용된다. 단언컨대 시스템으로 구축하지 못하면 어떤 학원도 이렇게 할 수 없다. 사실 학교에서도 불가능하다.

이는 오직 '자문자답', 즉 스스로 질문하고 스스로 답을 찾는 습관을 훈련시킨다는 하나의 목적을 위해 정교하게 설계된 프로세스다. 생각하는황소의 창업자인 이정현 대표는 「중앙플러스」의

'hello! Parents'와의 인터뷰를 통해 학생들이 이렇게도 저렇게도 해보면서 답을 찾았을 때, '와우!' 하는 성공의 느낌이 학생들을 계속 성장시킨다고 말했다.

나는 생각하는황소 시스템의 가치를 높게 평가하는 편이다. 이를테면 공교육이나 사교육 모두 길거리 싸움을 하는데, 이곳만 제대로 된 격투기를 가르친다는 느낌이다. 엘리트 운동이나 예술을 10년 동안 배우면 일반인과 완전히 다른 수준으로 올라선다. 그런데 수학은 왜 10년 동안 배워도 계속 일반인으로 남아있을까? 수학을 제대로 하는 방법을 배워본 적이 없기 때문일 것이다.

그렇다면 다른 지역의 학원이 생각하는황소의 시스템을 그대로 가져와 따라 한다면 마찬가지 결과를 만들어낼 수 있을까? 그럴 가능성은 크지 않다고 본다. 일단 등록하는 학생들의 수준이나 학습 태도가 대치동과는 꽤 차이가 있다. 그래서 생각하는황소의 정교한 프로세스와 엄격한 규정을 있는 그대로 적용하는 것부터 꽤 난관을 겪을 것이다. 반복하지만 모든 시스템은 인풋의 수준에 맞춰 설계되어야 한다. 생각하는황소처럼 하고 싶다면 규정과 프로세스를 지역 맞춤형으로 재설계해야 효과를 볼 수 있을 것이다.

국어의 '황소', 기파랑문해원

"머리에 서리가 내렸다."라는 문장에서 겨울을 떠올리거나, "철수는 고지식하다."라는 문장에서 '지식이 풍부^富하다.'라고 해석한다면 문해력이 떨어진다는 말을 들을 수 있다.

2021년 12월 31일, 한국교육과정평가원은 OECD의 2018년 국제 학업성취도평가^{PISA}를 2009년의 것과 비교 분석한 보고서인 「OECD 국제 학업성취도 평가 연구」를 발표했다. 이에 따르면 우리나라 학생들은 읽기 능력의 성취도가 낮고, 특히 장문 읽기에 많은 어려움을 겪는다고 한다. 이처럼 문해력에 문제가 있는 학생들의 비율은 최근 10년 사이 급격하게 늘어난 것으로 나타났다.

EBS 특별기획 〈당신의 문해력〉이란 프로그램에서도 우리나라

청소년의 심각한 문해력 실태를 고발했다. 전국의 중학교 3학년 학생 2,405명을 대상으로 한 문해력 테스트에서 27퍼센트의 학생이 기준 미달이었고, 초등학생 어휘 수준보다 못한 학생의 비율도 11퍼센트에 달했다.

그렇다면 대치동에서는 어떨까? 요즘 대치동 학원가에 떠도는 말 가운데 이런 것이 있다.

"영어는 오피스텔 한 채 팔면 된다. 수학은 집 하나 팔면 된다. 하지만 국어는 다시 태어나야 한다."

대치동 아이들에게는 논외일 것처럼 보이는 '문해력'이라는 화두가 의외로 대치동을 뜨겁게 달구고 있다. 수능 과목이 '언어 영역'에서 '국어'로 바뀌면서 이름만 바뀐 것이 아니라 출제 방향도 달라졌다. 예전처럼 상식에 가까운 문제는 사라지고 읽어도 무슨 말인지 알 수 없는 지문들이 출제되기 시작했다. 2022학년도 수능에서는 국어 만점자 수가 고작 28명에 불과했다.

게다가 국어만이 아니라 수학 등 다른 과목의 지문도 문해력이 없다면 이해하기 어려운 지경이 됐다. 그러자 이전에는 초등 저학년부터 고학년까지 논술학원에서 읽고 쓰고 발표하고 토론하는 것으로 국어 과목의 중·고등학교 내신과 수능 대비를 어느 정도

마무리했다면, 이제는 초등학교 고학년 때부터 국어 수능 대비를 시작하는 것으로 대치동의 분위기가 확 바뀌었다.

그리고 이러한 움직임의 중심에 이제부터 이야기할 '기파랑문해원'이 자리하고 있다.

기파랑문해원의 전략

: 학습 역량의 근원을 장악하고 해자를 구축한다

기파랑문해원에서는 초등학생 때 자신들의 3년 과정을 끝내면 수능 3등급 이상의 실력을 확보할 수 있고, 중등 3년 과정까지 통과하면 수능 1등급의 실력을 키울 수 있다고 주장한다.

사실 기파랑문해원의 처음 타깃은 초등학생이 아닌 고등학생이었다. 수능 국어를 가르치던 강사들이 수능 국어의 핵심을 문해력으로 판단하고 이를 키우는 학습법과 교재를 만들어서 먼저 고등학생들에게 적용했다. 그러나 기대한 만큼의 성과가 나오지 않았다. 고등학생들은 기출 문제나 시중의 모의고사 문제집을 풀기에 바빴기 때문에 문해력에 투입할 시간을 따로 뺄 수 없었다. 솔루션의 실패라기보다는 시장 상황을 정확히 파악하지 못한 결과였다.

이후 기파랑문해원은 문해력 상승에 충분한 시간을 투자할 수 있는 초등학생으로 타깃을 바꿨다.* 그리고 때마침 아이들의 문해력에 관한 솔루션을 찾고 있던 대치동 학부모들의 눈에 기파랑문해원이 포착됐다. 곧 기파랑문해원은 송파동과 방이동에서 대치동으로 본원을 옮기고 전국을 대상으로 프랜차이즈 사업을 시작했다. 기파랑문해원은 현재 50개 이상의 지점을 두고 있으며 2~3년 내에 100개 이상의 지점을 개원할 것으로 예상된다.

기파랑문해원은 '국어의 (생각하는)황소'라는 이명을 갖고 있다. 이들이 생각하는황소와 비슷한 시스템을 구축했기 때문이다. 레벨별로 자체 교재를 만들어서 여러 가지 생각법을 가르치고 스스로 답을 찾아야 하는 미션을 준다는 점에서 유사한 부분이 있다. 개인적으로 생각하는황소와 같은 시스템은 다시 만들어지기 어렵다고 보았는데, 기파랑문해원이 해낸 듯하다. 강력한 시스템은 힘의 균형추가 소비자가 아니라 생산자에게 기울어져 있어야 만들어진다. 수능 국어에 대한 학생과 학부모의 두려움이 기파랑문해원에게 강력한 시스템을 선물한 것으로 보인다. 그리고 시스템이 안정되면 반드시 성과가 나온다.

기파랑문해원에는 또 다른 호재가 있다. 수능 대비 초등 국어 사교육 시장에서 고학력 인재의 공급이 유연해졌다는 것이다. 시

＊ 창업자 중 한 사람은 유튜브 채널 '정전부부: 난장판육아'에 출연하여 이 솔루션이 초등학생에게 통할지 자신도 의심했다고 인터뷰했다.

대인재와 강남대성(두각)의 두 고래 싸움에 수많은 새우등이 터진 결과다. 대치동 수능 강사의 세대교체와 맞물려 40대 이상의 에이스급 강사들이 대치동 밖으로 내몰리고 있는데, 사실 몇몇 학군지를 제외하고는 수능 강사의 수요가 많지 않은 실정이다.

대치동의 수능 국어 강사는 석·박사급의 고학력자 비율이 다른 과목보다 월등히 높다. 모의고사 출제자들 역시 대부분 석·박사급이다.* 이들이 초등 국어 사교육 시장에 중요한 공급원이 되고 있다. 과거 IMF 사태로 실직한 사람들이 대리운전 시장의 공급원이 되어 가격을 낮추고 시장을 키운 것과 비슷한 현상이다.

누구나 예상하듯이 이 시장에 조만간 시대인재가 진입할 것이다. 시대인재의 오우석 대표는 초등부터 성인까지 전 과정을 아우르는 교육 내비게이션을 만들겠다고 공언한 상태다. 지금의 시대인재는 브랜드만으로 시스템을 구축할 수 있는 거의 유일한 사교육업체일 것이다. 기파랑문해원이 빠르게 전국 지점을 늘려서 덩치를 키우는 이유도 향후 시대인재와의 한판 싸움에 대비하는 것이 아닐까 예상해본다.

---

* 상상, 한수, 이감 등 모의고사 출제연구소에는 국어교육 전공자뿐만 아니라 사회나 과학 분야의 석·박사급 출제자들이 여럿 포진하고 있다.

패러다임의 전환, 초개인화와 AI 강사

대치동 학원가에 거대한 패러다임 전환이 일어나고 있다. 스타 강사의 판서식 수업에서 개인별 맞춤 수업으로, 다시 인공지능 기술을 활용한 초개인화 수업으로 바뀌는 모습이 대치동 곳곳에서 감지된다. 이 변화는 단지 '새로운 기술이 도입됐다.'의 차원이 아니라 대치동 사교육의 본질과 경쟁의 양상을 근본적으로 바꾸는 변화다.

초개인화는 기술이 대치동을 설득시킨 것이 아니라 대치동의 학부모와 학원이 기술을 찾아내고 그 발전 방향을 안내하는 것처럼 보인다. 기술 푸시Technology-push현상이 아니라 시장 풀Market-pull 현상으로 해석해야 한다는 뜻이다. 사교육 시작 연령이 점차 낮아지면서 학부모들은 거의 15년에 달하는 장기적인 교육 로드맵을 수립해야만 하게 됐다. 이제 대치동 학부모들은 단순히 학원 강의를 구매하는 소비자가 아니라 학업의 성과와 효율성이 데이터로 증명될 것을 요구하는 기획자에 가깝다.

일타 강사보다 주목받게 될 AI 강사

기존의 개인화 수준은 학생의 수준에 맞춰 다른 문제를 제공하는 정도에 그쳤다. 그러나 초개인화 수업에서는 학생의 학습과 관련한 모든 데이터를 실시간으로 측정하고 수집하여 분석한다. 학습자가 문제를 푸는 데 걸리는 시간과 특정 오답 유형, 반복적으로 어려움을 겪는 개념 등 개인의 학습 데이터를 AI가 분석하여 실시간으로 최적화된 학습 경로와 콘텐츠를 제공한다.

●AI 플랫폼

모든 학습 상황에서 학생과 상호작용하는 AI 기술의 엔진이다. 즉, 학생의 정답과 오답, 문제 풀이 시간Lap-Time, 요청한 힌트, 반복 시청한 강의 영상 등을 추적한다. 이 데이터를 이용해서 학생의 현재 지식수준, 약점과 강점을 동적으로 프로파일링하여 학생에게 다음 단계에 필요한 콘텐츠, 예를 들어 보충 개념 영상, 약간 더 어려운 문제, 새로운 개념 강의 등을 제공한다.[*]

● AI 챗봇과 가상 튜터

학생의 질문에 24시간 즉각적인 피드백을 제공한다. 이는 한 명의 강사가 수십 명의 질문에 모두 답하기 어려운 기존 수업 방식의 한계를 극복한다. 심지어 질문의 의도까지 파악하고 맞춤화된 설명을 생성하기도 한다.

● 생성형 AI

특정 개념에 대한 유사 문항과 변형 문항을 대량으로 만드는 데 사용된다. 이를 통해 학생들은 교재의 문제를 단순히 암기하는 것에서 벗어나 질문의 방향을 달리하는 다양한 유형의 문제를 원하는 대로 풀어볼 수 있다. AI의 플랫폼과 통합하면 오답의 이유와 유형을 알 수 있으며 맞춤 해결책을 제안받을 수 있다.

✳ 다음은 대치동에서 활약하고 있는 대표적인 AI 에듀테크 기업과 제공하는 서비스들이다.

1. 퍼스트해빗(구 섬재)이 개발한 '초크^{CHALK} 3.0'은 실제 강사의 목소리와 억양을 그대로 복제한 AI 음성을 통해 온라인 강의의 몰입도를 높였다.

2. 아드바크가 개발한 '큐파일럿^{Q-Pilot}'은 AI를 활용해 단 몇 번의 클릭만으로 수백 개의 영어 문제를 생성하고, 이를 시험지 형태로 제공한다.

3. 용감한컴퍼니가 안면인식전문업체인 씨유박스와 협력하여 개발한 AI 안면인식 기술은 학생들의 온라인 수업 집중도를 분석하고 학습 태도를 관리한다.(모두의대치동 플랫폼에서 서비스되고 있다.)

세계적인 투자자이자 워런 버핏의 스승으로도 유명한 필립 피셔Philip Arthur Fisher는 '시장을 이기는 세 가지 질문' 가운데 첫 번째로 다음 질문을 꼽았다.

"경쟁업체는 대비하지 않고 있지만 당신은 준비하고 있는 기술이나 서비스, 제품은 무엇입니까?"

대치동은 인공지능이 없어도 다른 지역과 비교가 불가할 정도로 효과적인 시스템이 갖춰진 곳이다. 그곳에서 지금 또 하나의 강력한 도구를 실험하고 있다. 물론 현재 상황에서 인공지능이 개인의 학습에 반드시 도움이 된다고 단언하기는 어렵다. 하지만 실제로 효과가 증명되면 대치동의 위상은 한층 더 업그레이드될 것이 자명하다. 다른 지역 학생들이 무료나 저가의 기본 AI 도구를 비로소 이용할 때쯤 대치동 학생들은 고도로 정교한 알고리즘과 방대한 데이터를 기반으로 하는 프리미엄 AI 튜터링 서비스를 이미 오래전부터 활용하고 있을 것이다.

이제까지 일타 강사의 강의를 듣는 것이 경쟁의 핵심이었다면, 앞으로는 최고의 AI 알고리즘을 탑재한 플랫폼을 제대로 활용하는 것이 경쟁의 핵심이 될 수도 있다는 뜻이다.

공간의 한계를 벗어나는
대치동 콘텐츠

현재 대치동은 '유입과 탈주'라는 패러독스에 직면해 있다. 대치동 외부에서 대치동으로 유학을 오는 경우가 있는가 하면, 한편에서는 살인적인 경쟁과 비용을 피해 대치동을 떠나는 '탈脫대치 현상'이 벌어진다.

탈대치 현상은 과연 사교육 열풍의 종식을 예고하는 현상일까? 그렇게 받아들이기에는 매우 인상적인 또 다른 현상이 대치동에서 벌어지고 있다. 바로 대치동이 하나의 플랫폼으로서 시공간의 제약을 넘어 전국적으로 영향력을 확장하는 모습이다.

탈대치 현상과 대치 플랫폼은 일견 상호 모순적인 흐름처럼 보인다. 하지만 실제로는 두 현상 모두 '엘리트 교육 서비스가 물리적 공간이라는 족쇄에서 벗어나는' 과정을 보여준다. 대치동이라는 지리적 거점의 역할은 변화하고 있으나 그 브랜드와 콘텐츠의 가치는 기술을 통해 점점 더 증폭되고 있다.

탈대치 현상
: 입학전형의 변화에 따른 전략적 선택

대치동 주민인 학부모들조차 아이를 대치동 외부의 고등학교로 진학시키는 '탈대치 현상'은 대치동의 교육열이 식었음을 보여주는 현상이 아니다. 이는 오히려 입시 환경의 변화에 더욱 더 정교하게 대응하는 대치동 학부모들의 전략을 보여준다.

변화의 계기는 입학전형의 변화로 정시 전형에서 내신 반영이 확대되면서다. 서울대학교와 고려대학교가 정시에서 수능 성적뿐만 아니라 내신과 학생부를 반영하기 시작했으며, 2026학년도부터는 연세대학교까지 이 흐름에 합류한다. 이는 수능 성적만으로는 최상위권 대학 진학이 어려워졌음을 의미한다.

대치동의 명문고에서는 극심한 내신 경쟁으로 인해 최상위권 학생조차 우수한 등급을 확보하기 어렵다. 따라서 수능 준비에 강점이 있더라도 내신에서 불이익을 받을 가능성이 크다. 이를 확인한 중학생 학부모들은 자녀를 내신 경쟁이 덜 치열한 비학군지로 보내 높은 내신 등급을 확보하고 수능 준비는 대치동 학원을 통해 보완하기 시작했다. 즉 대치동 학부모들은 대치동이 제공하는 교육의 질을 포기하는 것이 아니라, 더 유리한 고지를 점하기 위해 거주지를 이전하고 대치동의 교육 서비스는 다른 방식으로 소비하는 새로운 전략을 구사하는 것이다.

과거에 학군의 서열은 대치동과의 물리적 거리가 결정했다. 그런데 이제는 적당히 우수한 교육 환경을 갖추고 있으면서도 내신 경쟁은 과도하지 않고, 동시에 대치동의 교육 자원에 대한 접근성이 용이한 지역이 새로운 명당으로 떠오르고 있다. 이는 대한민국 학군 지형의 물리적 재편을 의미한다. 즉 탈대치 현상은 대치동의 소멸이 아니라 대치동을 허브로 한 새로운 사교육 네트워크의 탄생과 전략적 요충지의 부상을 예고하는 움직임이다.

디지털 플랫폼을 통해 확산하는 대치동 콘텐츠

탈대치 현상으로 물리적 공간의 의미가 재편되는 동안 대치동은 디지털 공간에서 폭발적으로 성장하고 있었다. 대치동 학원가는 인공지능을 비롯한 에듀테크를 적극적으로 활용하여 지리적 한계를 극복하고 자신들의 핵심 자산인 교육 콘텐츠와 브랜드를 전국으로 퍼뜨리는 플랫폼으로 변모하고 있다.

이 거대한 디지털 전환의 기폭제는 코로나19 팬데믹이었다. 바이러스 확산의 공포 속에서도 대치동 학원가의 불은 꺼지지 않았다. 하지만 비대면 온라인 수업 도입은 결국 대치동에도 불가피한 선택이었다. 그런데 이는 뜻밖에 대치동에 거대한 사업 기회를 열어주었다. 이전까지 대치동이라는 물리적 공간에 갇혀 있던 학원들은 자신들의 프리미엄 교육 서비스를 구매하고자 하는 잠재 고객이 전국에 산재해 있음을 깨달았다. 학원들은 단순한 화상 수업을 넘어 자체적인 온라인 플랫폼을 구축하고 디지털 환경에 최적화된 새로운 서비스 모델을 개발하는 데 이르렀다. 그러고는 온라인 영토 확장에 본격적으로 나서기 시작했다.

대치동이 내놓은 히트 상품은 현장 강의 라이브 스트리밍이다. 스트리밍 서비스를 이용하면 지방이나 해외에 있는 학생들도 인기 강사의 강의 호흡과 현장의 긴장감을 생생하게 느끼며 수업에 참여할 수 있다. 시간대만 맞으면 전 세계 어디서든 대치동 강의를 실시간으로 들을 수 있게 된 것이다.

실시간 강의 시장은 대형학원뿐만 아니라 강소학원에게도 기회의 장이 되고 있다. 녹화된 강의를 스트리밍하는 메가스터디를 비롯해 기존 온라인 교육업체와 치열하게 경쟁할 것으로 보인다. 최상위권 품질의 콘텐츠로 유명한 시대인재는 '시대인재on'을 통해 일타 강사의 현장 강의를 제공한다. 특목고 대비로 유명한 '토피아어학원'은 2024년 무렵 오프라인 지점을 축소하는 대신 온라인 학원인 '토피아라이브'를 시작해 현장 수업을 전국과 해외에

스트리밍했다.

[표 1-1]은 대치동 학원의 실시간 강의 플랫폼 서비스를 정리한
것이다.

플랫폼 기업	서비스 방식	특징	콘텐츠	타깃
시대인재on	라이브 & VOD	질의응답앱 (SDij TA)	교재 별도 구매	최상위권 고등학생 & N수생
토피아라이브	실시간	실시간 질의응답	다운로드	지방 & 해외
일간 대치동	실시간	그룹학습	다운로드	초등학생

[표 1-1] 대치동 학원들의 플랫폼 서비스

오프라인 대치동의 역할은 장기적으로 최상위권을 위한 부트
캠프로 그 성격이 변화할 것으로 보인다. 그리고 새로운 생태계에
서는 '온라인 대 오프라인'의 이분법적 대결이 아니라 두 영역이
유기적으로 결합된 스펙트럼의 형태를 띨 것이다. 이를테면 내신
관리를 위해 비강남권에 거주하면서, 평일에는 대치동 학원의 온
라인 플랫폼으로 강의를 듣고, 방학 중에는 대치동 현지에서 열리
는 캠프에 참여하는 것이 앞으로 대치동의 교육 서비스를 이용하
는 학생들의 다차원적인 교육 소비 패턴이 될 것이다.

CHAPTER 2

대치동 시스템:
한눈에 보는
대치동 시스템의 모든 것

불가능의 산에
오르다

『이기적 유전자』(을유문화사, 2018)로 스타가 된 과학자, 리처드 도킨스Richard Dawkins는 '진화의 길'을 일컬어 '불가능의 산에 오르는 것'에 비유했다. 눈처럼 복잡한 기관이나 효소같이 거대한 분자는 일반인은 물론 과학자들에게조차 그저 우연의 산물이 아니라 누군가가 치밀하게 설계한 것처럼 보인다. 이에 대해 도킨스는 '현재 우리가 보고 있는 것은 깎아지른 암벽 쪽이며, 암벽의 반대쪽으로 돌아가면 경사가 완만한 풀밭이 산꼭대기에서 땅바닥까지 끝없이 이어져 있는 것을 보게 될 것'이라고 설명했다. 또 '이 오르막길은 튼튼한 신발을 신고 적당한 체력이 있는 사람이라면 무리하지 않고 천천히 올라갈 수 있으며, 간혹 돌무더기로 가로막혀 있어도 어렵지 않게 우회로를 찾을 수 있을 것'이라고 말했다.

나는 이제껏 대치동 학원가의 시스템에 관해 꽤 오랫동안 연구하고 분석했지만, '불가능의 산에 오르는 것'이라는 도킨스의 비유보다 더 적합한 설명을 찾지 못했다.

정규 교육과정에 존재하는 암벽 구간

우리나라의 정규 교육과정에는 그 난이도가 불연속적으로 비약하는 암벽 구간이 존재한다. 수학으로 말하면 초등학교 4학년에서 5학년으로 넘어갈 때(분수), 초등학교에서 중학교로 넘어갈 때(미지수), 중학교에서 고등학교로 넘어갈 때(기지수), 그리고 내신에서 수능으로 넘어갈 때 암벽에 맞닥뜨린 느낌을 받게 된다. 영어나 국어, 과학 등의 과목도 비슷하게 암벽이 존재할 것이다.

그런데 중학교에서 고등학교로 넘어갈 때는 암벽이 거의 수직에 가깝다. 나는 매년 전국에서 100여 개에 가까운 중학교와 고등학교의 내신 시험을 비교 분석한다.[*] 이를 비교해보면, 중학교도 지역별 차이가 있긴 하지만 고등학교와는 비교 대상이 아니다. 고등학교 단계에서는 학교마다 교과서, 부교재, 프린트물, 기출 모의고사 등의 배합이 다르다. 게다가 객관식과 서답형의 비율, 서

---

[*] 고등학교는 일반고, 자사고, 특목고를 아우른다.

답형 중에서도 답만 쓰는 문항과 풀이 과정을 써야 하는 문항의 비율 등 고려할 변수가 지나칠 정도로 많다.

> "시험이란 모르는 문제를 생각해서 푸는 것이 아니라, 아는 문제를 실수 없이 빨리 푸는 것이다."

내가 학생들에게 자주 하는 말이다. EBS에서 출간하는 고등학교 1학년 교재는 올림포스, 올림포스기출, 올림포스고난도 등 세 종류다. 그런데 기출이나 고난도 문제 중 상당수는 풀이 방법을 알아도 2~3분 안에 풀 수 없는 문제들이 많다.* 보통 숫자를 바꾸거나 묻는 내용을 변형해서 출제하기 때문에 답을 외우는 꼼수는 통하지 않는다. 수없이 연습해서 기계적으로 푸는 것 외에는 방법이 없다.

물론 교과서 문제를 변형해서 출제하는 학교도 꽤 있기는 하다. 하지만 그 결과는 쉽게 예상할 수 있다. 점수 인플레이션이다. 시험 대비는 상대적으로 쉽지만, 변별력이 떨어질 수밖에 없다. 수능 최저를 맞추거나 정시로 가야 하는 상황이면 고3 때 쉽게 공부

---

* 보통 50분에 20~24문제를 풀어야 하기 때문에 문제당 2~3분이 할당된다. 쉬운 문제를 빠르게 해결하면 어려운 문제 하나당 3~4분을 획득할 수 있다.

한 대가를 치러야 한다.*

불가능의 산에 오르는 비계, 대치동 시스템

불가능의 산을 밑에서 올려다보면, 놀랍게도 누군가는 산꼭대기에 서 있다. 올려다보는 사람에게는 경이로운 모습이다. 올림픽을 2연패한 암벽 등반의 1인자 야야 간브렛Janja Garnbret처럼 재능, 노력, 기술의 3박자가 갖춰져 꼭대기에 오른 사람도 물론 있겠다. 하지만 나는 단언할 수 있다. 산꼭대기에 선 사람 대다수는 암벽 뒤쪽의 평탄한 길을 걸어서 정상에 도달했을 것이라고.

암벽 뒤쪽에 마련된 평탄한 길. 그것이 앞서 시대인재를 설명하며 잠시 언급한 '비계'다. 비계는 높은 곳을 향하는 이들에게 진입 장벽을 낮춰주고 접근을 쉽게 만들어준다. 14좌라 불리는 히말라야 산맥의 고봉들 가운데 세계 최고봉인 에베레스트 산을 오르는 등산객이 오히려 더 많은 이유는 그곳에 비계가 있기 때문이다. 에베레스트산을 오르려면 반드시 거쳐야 하는 관문이 네팔의 루클라Lukla인데, 루클라부터 베이스캠프까지 9일 동안 하루 300m

---

* 2025년도 현재 고1학생부터는 5등급제가 적용된다. 1등급 컷이 예전에는 상위 4퍼센트였는데 이제는 상위 10퍼센트로 확대됐다. 점수 인플레이션을 체크하기 위해서 성취도별(A,B,C,D,E) 퍼센트를 성적표에 병기해야 한다. A가 너무 많다면 문제를 쉽게 출제했다는 것을 바로 알 수 있다.

씩 고도를 천천히 높이면서 몸을 적응시킨다. 그러지 않으면 고산 병에 걸려 목숨을 잃게 될 수도 있다. 하지만 바꿔 말해 비계를 적 절히 이용하면, 일반인도 에베레스트에 도전해볼 수 있다.

대치동 학원은 루클라처럼 불가능의 산에 오르기 위한 비계 역 할을 한다. 우리나라에는 히말라야 산맥의 14좌처럼 '의·치·한·약· 수', 'SKY', '설·카·포' 등 입학하는 것만으로도 어느 정도 사회적 지위를 선점할 수 있는 고봉들이 존재한다. 그리고 대치동 학원들 은 39개의 의대와 1개의 의학전문대학원 그리고 여러 명문대와 학과들의 입시전형에 맞춰 비계를 만들어놓았다. 루클라의 비계 와 달리 대입으로 가는 비계는 정부의 정책에 따라 계속해서 조금 씩 바뀌거나 하루아침에 없어지기도 한다. 그러나 대치동 학원은 더 빠르고 정교하게 비계를 만들어내고 있다.

드높고 비좁은 의대의 문

지난 코로나19 사태로 정부는 의료 인력의 부족을 실감했다. 이 에 따라 고령화 사회 대비, 필수의료 분야의 의료 인력 부족 문제 해결, 지역별 의료 서비스 격차 해소 등을 이유로 의대 정원을 확 대하기로 했다. 그러나 정부는 곧 의학계의 격렬한 반대에 직면했 다. 의학계에서는 필수의료과의 수가를 개선해 의대생들의 지원 율을 높이는 것이 근본적인 대책이며, 현재의 교육 인프라에서 정원을 늘리면 교육의 질이 저하되고, 정원 확대로 늘어난 의사들은 저출산에 따라 인구 감소가 시작되면 고스란히 잉여 인력이 되고 말 것이라는 논리로 의대 정원 확대 정책에 반대하며 시위를 벌였다.

2025년 새 학기가 시작될 때까지도 어수선했던 의대 증원 건은 일단 의사들의 승리로 끝났다. 2024년부터 정부가 야심차게 시도했던 2,000명 증원 시도는 일년천하로 끝났다. 2024년까지 의대 정원은 3,058명이었고 2025학년도에는 4,558명으로 1,500명이 늘어났으나, 2026학년도부터는 다시 3,058명으로 원상 복귀된다.

그렇지만 의대에 도전하는 N수생들의 의지는 꺾이지 않는 듯하다. 2026학년도의 수능 응시자는 약 60~70만 명 정도로 예상된다. 그리고 이 가운데 무려 20만 명 정도가 N수생일 것으로 보인다. 산술적으로 수능 응시자의 절반 정도인 30~35만 명 정도가 이과생이고, 이들 중에서 상위 1퍼센트 내에 들어야만 의대에 들어갈 수 있다. 그런데도 이렇듯 드높고 비좁은 의대의 문을 뚫고 들어가려는 사람이 넘쳐나는 이유는 무엇일까?

의대 광풍의 배경

내 기억으로 20년쯤 전까지만 해도 의대의 선호도는 지금처럼 높지 않았다. 의대는 주로 부모가 의사인 친구들이 주로 지원했고 최상위권은 공대에 지원했다. 남학생의 경우 의사가 되려면 대학 6년, 군의관 3년, 인턴과 레지던트 4년을 보내고서 30대 중반에야 사회생활을 시작할 수 있었다. 반면 공대에 진학한 남학생은 대학 졸업 후 기업체에서 대체복무하면 20대 중반부터 사회생활을 시작하고, 대기업이라면 30대 중반에 벌써 수십 명을 지휘하는 자리를 꿰찰 수 있었다.

분위기가 일변한 계기는 1997년 IMF 외환위기 사태였다. 이 시기를 겪으며 사기업의 한계를 뼈저리게 느낀 부모들은 소득과 정년이 안정적인 공무원이나 의사라는 직업을 자식들에게 강권하게 됐다. 그리고 부모들의 실직과 고통을 지켜본 10대 초중반의 학생들이 성인이 될 무렵인 2010년대를 전후하여 공무원 시험 열풍과 의대 열풍이 불었다.

시간이 지나 공무원 열풍은 사그라들었지만 의대 열풍은 '광풍'으로 변했다. 공무원과 의사의 소득 차이 때문이다. 공무원의 생애소득과 의사의 생애소득은 거의 5~10배가량 차이가 난다. 미래 소득을 현재 가치로 할인하지 않고 그냥 계산해봐도 공무원의 생애소득은 2~30억, 의사의 생애소득은 100~150억 정도다. 현재 시점에 의대가 대학입시의 최고봉일 수밖에 없는 배경이다.

왜 산을 오르는가

그런데 나는 여기서 조금 다른 질문을 던져보려고 한다.

"꼭 '의대'여야만 할까?"

산악가 조지 말로리George Mallory는 "왜 에베레스트산에 오르는가?"라는 기자의 질문에 "산이 거기 있으니까."라고 답했다.

현재 우리나라에서 대입의 최고봉은 의대가 맞다. 그러나 히말라야 산맥과 달리 대입의 산은 시대와 경제 상황에 따라 높이가 바뀐다. 학생들이 산을 오르고 싶어 하는 것은 '산이 거기에 있기 때문'이지, '의대여서'가 아니다. 에베레스트가 최고봉이 아니게 됐다면, 굳이 에베레스트를 고집할 필요가 없다는 의미다.

최근에는 다른 분야의 석·박사 과정에 있는 고급 두뇌들마저 의사가 되기 위해 의학전문대학원이나 수능 재도전에 뛰어들고 있다. 이렇듯 두뇌 유출이 이어져 국가 경쟁력에 위기가 온다면 언제고 정부는 의대 정원 확대 카드를 다시 꺼낼지도 모른다. 만약 이를 성공적으로 관철시킨다면 향후 몇 년 안에 의대는 최고봉의 자리에서 물러나게 될 것이다. 하지만 의대 광풍을 잠재우는 것보다 중요한 문제는, '과연 무엇으로 최고봉의 자리를 대체하게 할 것인가'다.

지금 우리가 주목해야 할 분야는 바로 'AI'일 것이다. 전 세계적으로 인공지능이 빠르게 인간을 대리하거나 대체하고 있다. AI는 단순히 자동화의 도구가 아니라 스스로 학습하고 스스로 변화하고 스스로 결정하고 스스로 아이디어를 창조하는 존재다. 노벨 물리학상 수상자이자 구글의 엔지니어이기도 했던 제프리 에베레스트 힌턴Jeoffrey Everest Hinton은 "향후 30년 내에 인류는 AI로 멸망할 수 있다."라고 경고했다. AI가 새로운 권력이자 경제의 동력이 될 시기가 얼마 남지 않았다. 전 세계 천재들과 경쟁해야 할 인재를 선발하여 교육할 수 있는 시간이 넉넉하지 않다는 의미다.

지금 정부가 해야 할 일은 의학계와 싸우는 것이 아니라, 입시의 최고봉을 의대에서 인공지능, 로봇, 우주공학, 역노화 생명공학 등으로 옮기는 것이다. 그러면 언제나 그랬듯 대치동은 그곳에 이르는 비계를 만들어 제공할 것이다. 산에 오르려는 이들이 있으니까.

시스템의 목적:
알고리즘과 이기적 유전자

"유튜브의 주요 목적은 사용자들이 동영상을 공유하고 시청할 수 있는 글로벌 플랫폼을 구축하여, 전 세계적으로 많은 사람들에게 콘텐츠를 제공하고 (그들을) 연결하는 것입니다. 또한, 유튜브에서 활동하는 크리에이터들이 자신의 창작물을 공유하고 수익을 창출할 수 있는 기회를 제공하는 것 또한 중요한 목적입니다."

"유튜브 시스템의 목적은 무엇인가?"라는 내 질문에 대한 구글의 답변이다. 그럴듯하게 보이겠지만 이것은 유튜브 '시스템'의 진짜 목적이 아니다.

리처드 도킨스는 저서『이기적 유전자』에서 생명체(시스템)의 목적은 유전자를 후대에 전달하는 것뿐이라고 주장하면서 전 세계적인 반향을 일으켰다. 시스템은 참여자가 바라는 것을 산출하지 않는다. 시스템은 언제나 그 자체의 목적에 부합하는 것만을 산출한다. 앞서 말한 것처럼 의료 시스템의 목적은 환자의 건강이 아니라 그저 당장 필요한 치료를 생산할 뿐이며 건강은 치료의 부산물일 뿐이다. 정치 시스템 역시 국민의 행복을 산출하지 않는다. 정치 시스템의 목적은 '표를 얻는 것'이다. 정치 시스템에 종속된 교육 시스템이 누더기가 되는 이유기도 하다.

유튜브 시스템의 진짜 목적은 참여자의 수익 창출이나 즐거움이 아니라 참여자의 '체류시간을 늘리는 것'이다. 유튜브 알고리즘은 참여자의 체류시간을 조금이라도 늘리는 방향으로 작동한다. 2025년 2월 기준으로 한국인은 5명 중 3명이 하루 2시간 넘게 유튜브 콘텐츠를 소비했다. 이는 2020년보다 두 배 이상 증가한 수치이며, 유튜브 시스템의 목적이 제대로 실현되고 있다는 근거이기도 하다. 데이터 전문가들도 "중독성 강한 숏폼 서비스가 인기를 끌면서 유튜브 체류시간이 더 늘어났다."라고 분석했다. 이에 따라 네이버와 카카오 등 국내 포털사이트도 숏폼을 강화하고 있으며, 체류시간이 증가 추세에 있다.

대치동 학원 시스템의 목적

그렇다면 '대치동 학원 시스템'의 목적은 무엇일까? 대부분의 학원 시스템의 목적은 '매력 있는 강사와 학생을 연결하는 것'이다. 성적이 오르는 것은 그 부산물이다. 건강은 약이 아니라 절제와 운동의 산물인 것과 마찬가지로, 성적 향상도 강의가 아니라 학생 자신의 전략과 노력 그리고 운의 산물이다.*

그런데 대치동 학원 시스템의 목적은 여느 학원 시스템과 달리 '최고들끼리의 경쟁 구도를 만들어주는 것'이다. 따라서 내 옆에 나보다 뛰어난 존재가 있다는 것만으로도 동기부여가 되는 아이들을 대상으로 삼는다. 초등학교 저학년까지의 학원 시스템은 과목별로 공부 체력과 엘리트 공부 기술을 습득시키는 것이 목적이지만, 학년이 올라갈수록 최고 수준의 라이벌끼리 모아두기만 해도 시스템은 알아서 굴러간다.

대치동에서는 일타 강사가 영입됐다는 소문 하나만으로도 최상위권 학생들이 우르르 모인다. 그 결과 학원의 수입이 늘어나면 우수한 강사를 더 많이 영입할 수 있고 콘텐츠와 프로그램을 개선할 여력도 생긴다. 당연히 입시 성과가 더 좋아지고 선순환이 시

---

* 최근 학원 시스템에서 관리가 차지하는 비중이 많이 늘어났다. 많은 학원에서 수업 피드백과 과제 등을 매번 수업 끝날 때마다 학부모에게 전송하는 것도 모자라 보충수업, 시험 직전 보강 등을 당연하게 하고 있다.

작된다. 시대인재가 초창기에 일타 강사 영입과 최상위권 학생 모집에 사업의 초점을 맞춘 이유이며, 매우 짧은 시간에 대치동 학원가를 석권한 이유기도 하다.

대치동 학원에서 실시하는 입학테스트와 레벨테스트는 그들 시스템의 목적, 즉 최상위권 학생들이 경쟁구도를 이어가게 만드는 중요한 두 축이다. 또 대치동에서 버티고 성장할 수 있는 학생은 '경쟁은 당연한 것이며, 경쟁을 통해서만 발전한다.'라는 생각이 내재된 이들뿐이다. 캐나다의 국민스포츠 종목인 아이스하키는 유소년부 시기부터 경쟁이 매우 치열하며, 학년이 올라갈 때마다 아주 일부만 상위 리그로 진출한다. 대치동 시스템 역시 마찬가지다. 1부 리그와 2부 리그가 명확하게 구분되어 있지는 않지만, 내부적으로는 다 아는 경계가 그어져 있다. 대치동 지역에 자리한 학원이라도 최상위권 학생을 모으지 못하면 대치동 시스템의 일부로 편입되지 못하고 겉돌게 된다.

학부모의 불안해소제, 대치동 솔루션

"두려움은 우리를 감옥에 가둔다."
– 영화〈쇼생크 탈출〉중에서

5월이면 나는 벌써 사이즈가 남다른 휴대용 선풍기를 들고 다닌다. 창고에서 선풍기와 서큘레이터를 꺼내고 에어컨 바람이 시원한지 틀어본다. 무더위에 대한 불안이 나의 대비 시스템을 작동시킨 것이다.

학부모와 학생을 사교육 시스템으로 유인하는 요인은 바로 '시험에 대한 불안'이다. 수능 전국 1등조차 시험에 대한 불안에서 자유롭지 않다. 합격의 희소성, 등수와 등급이 매겨지는 서열화, 예상보다 낮은 점수에 스스로 실망하는 자기 비하까지 시험은 필연적으로 불안과 두려움을 불러일으킨다. 시험을 보는 도중에 배가 아프고 머리가 하얗게 비워져 시험을 망친 이들의 일화는 주변에 공기처럼 널려 있다.

그런데 시험에서 실수하는 것은 유전자의 영향일 수 있다. 2013년 중국의 장쥔옌張俊彦 교수는 시험에서의 실수가 '콤트 유전자COMT gene'에 영향을 받는다고 주장했다. 그는 고교 입시 BCT 표준화 시험에 응시한 학생 779명의 DNA를 추출하여 그들의 성적과 비교했다. 수능이나 로스쿨 시험처럼 중요한 순간에 인간은 평소보다 많은 양의 도파민을 분비하는데, 이는 두뇌를 활성화시킴과 동시에 과도한 흥분과 긴장을 유발하여 실수를 저지르기 쉽게 만든다. 이때 콤트 유전자는 도파민의 양이 과잉되지 않게 조절해 주는 역할을 한다. 장쥔옌 교수는 콤트 유전자에 따라 도파민 제거 속도가 다르다는 것을 알아냈다. 도파민 분해가 가장 느린 사람(느림형)은 가장 빠르게 분해하는 사람(빠름형)보다 4배 정도 실수를 많이 하는 것으로 나타났다.*

---

* 실력 점수가 100점으로 동일해도 빠름형이 1개 실수할 때, 느림형은 4개 실수한다는 뜻이다. 문제당 4점이라고 가정하면 빠름형이 96점을 받을 때, 느림형은 84점이 된다. 큰 차이가 아닐 수 없다.

학생과 학부모가 느끼는 불안과 그 결과

사교육의 효과는 즉각적이지 않다. 사교육을 시작한 뒤 그 성과가 나타나기까지 시간이 걸리기 때문에 학생과 학부모는 불안을 느끼게 된다. 또 사교육의 목표를 대입이라고 보면, 사교육을 일찍 시작할수록 최종 결과를 확인할 때까지 십수 년에 가까운 시간이 걸리기 때문에 불안감이 더 커지는 악순환이 일어난다. 그 결과 학부모는 아이를 더 많은 학원에 보내거나 더 빨리 선행학습을 시키게 된다.

이러한 시간 지연 효과는 과도한 보정Overcorrection이나 기존 경로 주변에서의 진동Oscillation을 초래하곤 한다. 과도한 보정은 예상치 못한 결과를 받았을 때 그때까지의 경로를 완전히 무시하고 새로운 경로로 빠지는 것이다. 하지만 낮은 점수는 근본적인 실력의 문제가 아니라 전략의 문제이거나 일시적인 멘탈의 문제일 수도 있다. 반대로 진동은 명확하게 실력의 문제임에도, 원래의 경로가 옳다고 믿고 계속 그 주변을 서성거리는 현상이다. 두 현상 모두 마지막까지 실력을 높일 기회를 놓치게 만든다.

불안을 밀당하는 대치동 마케팅 시스템

대치동은 마치 콤트 유전자처럼 학생과 학부모의 불안을 잠재울 몇 개의 구심점을 만들었다.

하나는 '일타 강사와 스타 강사들'이다. 이들은 미래가 불안한 학생과 학부모들에게 보험에 가입하는 것과 같은 심리적 안정감을 제공한다. 그 결과 이들은 복잡하고 어려운 입시 지옥에서 건져줄 구원자로 추앙받는다. 한 해에 100억 원을 넘는 일타 강사의 천문학적인 수입은 학부모들이 '확실성'이라는 가치에 얼마나 높은 프리미엄을 지불할 용의가 있는지를 명확히 보여준다. 이들은 대치동이 판매하는 최고의 불안 해소 솔루션이다.

다른 하나는 '컨설팅'이다. 대치동이 '사교육의 성지'로 군림하는 데는 입시 정보의 독점이 큰 몫을 한다. 복잡하고 불투명한 대입전형이 학생과 학부모들의 불안을 부채질했고, 그 결과 확실한 대입 정보는 최고의 고부가가치 상품으로 등극했다. 대치동에는 십수 년간 축적된 수험생들의 모의고사와 수능 성적 데이터, 대학별 합격 및 불합격자의 이력, 논술과 면접 기출 정보 등이 총망라된 방대한 데이터베이스가 존재한다. 대치동 학원가는 이 데이터베이스를 바탕으로 특정 대학이나 특정 학과에 합격하기 위한 최적의 포트폴리오를 설계하고 개인별 맞춤형 입시 전략을 제공하여 불안을 확신으로 바꾸는 서비스를 제공한다.

문제는 일부 대치동 학원들이 의도적으로 학생과 학부모들의 불안과 공포를 조장한다는 점이다. 이들은 먼저 치열한 경쟁이 벌어지는 현실과 복잡한 입시제도를 낱낱이 알려주고, 남들보다 뒤

처져 있을지 모른다는 의혹을 심어준다. 이렇게 불안감을 최고조로 끌어올린 다음 자신들의 프로그램과 강사 및 정보력을 유일한 솔루션으로 제시한다. 사실 이런 공포 마케팅은 대치동 시스템을 이미 잘 알고 있는 대치동 주민보다는 대치동 밖에서 대치동 시스템을 들여다보는 사람들에게 더 잘 먹힌다.

인풋 통제
: 요리는 재료가 반이다

내 아버지는 40년 가까이 중식당을 운영하셨다. 요즘 말로 오너 셰프였다. 매년 같은 레시피를 사용하지 않을 정도로 많이 노력하신 것으로 기억한다. 그런 아버지가 요리 프로그램을 볼 때 자주 하셨던 말씀은 "그냥 먹어도 맛있는 최고의 재료로 왜 저렇게 복잡하게 요리하는지 잘 모르겠다."였다. 아버지의 지론은 '요리란 재료가 반, 간과 기술이 나머지 반'이었다. 당시 식당들 대부분은 재료를 외상으로 먼저 받고 한 달 후에 대금을 지불하곤 했는데, 아버지는 재료를 받으면 꼭 일주일 안에 대금을 지불했다. 그래서 재료상들은 아버지에게 늘 최고의 재료를 공급했다.

좋은 재료는 특별하게 요리하지 않아도 맛있다. 이것은 대치동 학원이 입학테스트를 중요하게 여기는 이유와 일치한다.

결과의 일관성을 보장하는 인풋 통제

대치동 학원에서 가장 중요한 것은 '결과의 일관성'이다. 학원에서 요구하는 시간만큼 투자하면 처음에 학원과 학부모가 암묵적으로 합의한 수준에 반드시 도달해야 한다. 이처럼 일정한 결과가 꾸준히 이어져야 대치동 학원 시스템의 효과에 신뢰성이 생긴다. 그런데 학생의 수준이 들쭉날쭉하면 결과의 일관성을 보장할 수 없다.

만약 수준별로 다른 커리큘럼을 적용한다면 더 많은 학생을 받을 수 있을 것이다. 하지만 대치동에서는 이렇게 하지 않는다. 중하위권으로 갈수록 프로그램의 수행력 자체가 떨어져 시간이 지나도 실력이 향상되는 경우가 드물기 때문이다. 최상위권 학생만 받는 것으로 알려진 생각하는황소도 한때 매출을 늘리기 위해 중하위권 학생을 받은 적이 있었다. 하지만 결국 프로그램이 제대로 돌아가는 선까지 합격선을 조정하여 지금의 상위 4개 수준으로 정착했다. 결과의 일관성을 유지할 수 있는 마지노선이라고도 할 수 있을 것이다.

기파랑문해원의 경우는 입학테스트 문제가 곧 졸업시험 문제다. 합격선은 50점 정도인데, 이후 2년 동안 학원의 프로그램을 제대로 이수하면 입학테스트와 같은 수준의 시험에서 80점 이상을 얻을 수 있는 실력을 갖추게 된다고 주장한다. 그 정도면 수능 국어시험에서 3등급을 맞을 수 있는 실력이며, 문법이나 어법 등 고등학교 교과 지식을 습득하면 1등급이나 2등급을 맞을 수 있다는 구체적인 정보까지 알려준다.

생각하는황소와 기파랑문해원은 전국적으로 수십 개의 가맹학원을 보유하고 있는데, 모든 가맹학원에서 동일한 입학 기준을 적용한다. 이를 보면 이들은 시스템에서 인풋을 통제하는 것이 얼마나 중요한지 잘 이해하는 것으로 보인다.

하지만 인풋 통제에는 모순이자 한계가 있다. 세스 고딘^{Seth Godin}은 이를 다음과 같은 말로 표현한다.

> "시스템이 받아들이면 당신은 성공할 것이다. 그러나 받아들여지기 위해서 당신은 성공해야 한다."

인풋 통제의 한계는 기준을 충족시키는 자원의 절대량이다. 대치동과 목동, 분당 등 주요 학군지를 제외하면 입학 기준에 부합하는 학생이 모집인원보다 적은 경우가 대다수다. 그러면 예외 없이 입학 기준이 점진적으로 낮아진다. 지방의 가맹학원들이 생존을 위해 학원생들의 수준을 낮추면 본원의 엄격한 기준이나 시스렘이 희석될 위험이 있다. 그러면 시스템의 핵심 가치인 '결과의 일관성'이 흔들린다. 현재는 강사들이 뼈를 갈아서 '결과의 일관성'을 유지하고 있는 듯하지만, 시간이 지날수록 한계에 직면하게 될 것이다.

균형과 강화의
피드백 루프

피드백 루프는 시스템을 조절하고 개선으로 이어지는 핵심 메커니즘이다. 시스템은 그 자신을 유지하고 영향력을 증폭시키기 위해 균형과 강화의 피드백을 활용한다.

균형 피드백은 시스템이 설정한 파라미터가 기준을 벗어났을 때 스스로 원래 상태로 복원시키는 과정이다. 우리 몸은 그 자체로 균형 피드백 루프의 집합체다. 체온이 36.5°C 내외의 정상 범위를 넘어서면 시상하부는 즉시 피부 아래 혈관을 확장하고 땀샘을 열어 체온을 낮춘다. 균형 피드백이 제대로 작동하지 않으면 곧바로 우리 몸-시스템에 문제가 생긴다.*

강화 피드백은 선순환구조나 확대 재생산과 관련이 있다. 우리

뇌는 도파민을 이용해 강화 피드백을 작동시킨다. 인류는 기아에 허덕이던 시절에 칼로리가 많은 음식을 섭취할 때마다 도파민을 쏟아부어 그 행위를 반복하도록 유도했다. (그 결과 현재 인류는 비만과 싸우고 있다.)

대치동 학원의 피드백 루프

앞서 언급한 것처럼 일관된 결과물을 만들어내지 못하는 시스템은 대치동에서 살아남기 어렵다. 일관된 결과물을 산출하기 위해 대치동은 인풋을 통제한다. 그런데 아무리 인풋을 통제해도 결과에 부정적 영향을 미치는 요소는 반드시 시스템 내부로 들어온다. 두 가지 경우가 있는데, 하나는 운이 좋아서 입학테스트를 통과한 학생들이고, 다른 하나는 좋지 않은 학업 태도를 다른 학생들에게 퍼뜨리는 학생들이다. 말콤 글래드웰Malcolm Gladwell은 저서 『티핑 포인트의 설계자들』(비즈니스북스, 2025)에서 특정 세력이 '매직 서드'라고 불리는 3분의 1 수준으로 형성되면 조직이나 지역 전체를 바꿀 동력이 만들어진다고 언급했다. 이에 따르면 시스템 내부에 부정적 영향을 미치는 요소가 대략 30퍼센트를 넘어가

---

* 요즘 인기 있는 비만치료제인 '위고비'는 인체의 균형 피드백을 조절한다. 인체는 식후에 GLP-1이라는 호르몬을 분비하여 포만감을 느끼게 하고 식욕을 억제하는데, 위고비의 주성분인 세마글루타이드Semaglutide가 이 호르몬과 같은 작용을 한다.

면 시스템이 붕괴하기 시작한다.

　그러면 대치동 학원이 자신의 시스템을 유지하기 위해서는 어떻게 해야 할까? 바로 부정적 요소를 시스템에서 배제하는 강력한 균형 피드백을 작동시키는 것이다. 대치동 학원들이 주간, 월간, 단원별, 분기별, 학기별 등 온갖 이름을 붙여가며 레벨테스트를 하는 이유다. 걸으로는 학부모에게 자녀의 현 위치를 확인하게 해주는 프로세스라고 이야기하지만, 실제로는 수준에 미달하는 구성원들을 걸러내는 과정이다. 레벨테스트라는 그럴듯한 평가 자료를 토대로 기준 밖의 학생들에게 그만 나가달라는 무언의 압박을 가하는 것이다.

　생각하는황소는 한술 더 떠서 학업 태도에 관해서도 매우 강력한 균형 피드백을 가동한다. 태도는 바이러스와 같이 주변에 쉽게 전염된다. 지각하거나, 과제를 하지 않거나, 수업 시간 중에 자거나 떠드는 등의 행위를 제재하지 않으면 다른 학생들도 순식간에 따라 한다. 생각하는황소는 시스템을 위협하는 학생들에게 단기적으로는 질문권 같은 혜택을 박탈하고, 장기적으로는 강급을 거쳐 퇴원으로 나아간다.[*] 대치동 학원이 규정을 적용하는 모습은 매우 강도가 높고 엄격해 보이지만, 제대로 된 시스템을 구축하기 위해서는 반드시 필요한 과정이다.

　시스템이 한번 제대로 작동하기 시작하면 강화 피드백은 자연스럽게 가동된다. 학원 설립 초기에는 선택권이 학부모에게 있기 때문에 학부모의 협상력이 더 강하다. 그런데 학원이 시스템을 완성하고 나면 선택권은 학원으로 넘어온다. 학원은 더 좋은 학생을 가려 받을 수 있고, 수준 미달인 학생은 내보낼 수도 있다. 인풋이 통제되면 더 좋은 결과가 산출되고, 정보 공유와 입소문으로 성과가 널리 퍼지며, 훨씬 더 좋은 학생들이 시스템에 들어오는 선순환이 이루어지게 된다.

✳ 생각하는황소는 학원 교재의 선행학습을 절대로 용인하지 않으며, 학생들에게 적용하는 상점/벌점 규정은 다음과 같다.
– 과제 벌점: 과제 제출을 지연하거나 미흡하게 수행할 경우.
– 퀵 테스트 벌점: 퀵 테스트에서 기준 점수에 미달할 경우.
– 단원 평가 상점과 벌점: 단원 평가에서 우수한 성적을 거두면 상점, 미달하면 벌점 부과.
– 벌점 누적 시 강등: 분기별로 벌점을 합산하여 일정 점수 이상일 경우.
– 미션 실패: 미션을 수업 당일 제한 시간 내에 풀지 못하거나 틀리는 경우.

시스템은
완전하지 않다

시스템은 참여자의 바람과는 상관없이 자체의 목적을 위해서만 작동한다. 찰스 다윈Charles Robert Darwin은 진화의 메커니즘인 자연선택의 근거를 적자생존에서 찾았고, 리처드 도킨스는 생명이라는 시스템은 그저 DNA를 후대에 전달하는 도구에 불과하다고 주장했다.

노자는 일찍이 시스템의 본질을 간파했다. 그는 『도덕경』에서 "자연은 어질지 않다天地不仁."라고 말했다. 대자연은 인간의 삶에 개입하지 않으며, 인간이든 지푸라기든 마찬가지로 의미가 없는 존재라는 뜻이다. 비가 오지 않으면 기우제를, 비가 너무 많이 내리면 기청제를 지내며 뜻을 하늘에게 전달하려던 사람들의 모습은 노자에게 얼마나 오만하고 우습게 보였을까.

시스템은 만병통치약이 아니며, 심지어 설계자의 의도와도 다르게 작동한다. 신이 아닌 이상 설계자도 시스템의 모든 변수를 예측하고 통제할 수 없다. 또한 시스템 참여자들이 시스템 전체의 목적과 가치를 무시하고 자신의 이익만을 추구해도 고장이 날 수 있다. 여러 가지 이유로 시스템은 완전하지 않으며 예기치 않은 고장은 언제든지 발생할 수 있다. 그러나 대부분의 고장은 시스템의 부작용이 아니라, 완전무결할 수 없는 시스템이 필연적으로 수반하는 현상으로 보아야 한다.

시스템의 골칫거리: 대증요법

시스템의 진짜 문제는, 문제 현상이 발생했을 때 근본적인 해결책을 찾지 않고 증상만 일시적으로 완화시키고는 넘어가는 행위다. 이러면 문제가 점점 심각해져 결국 시스템을 무너뜨리고 만다.* 독일에서 개발된 약물 탈리도마이드Thalidomide는 1950년대 후반부터 1960년대 초반까지 임산부의 입덧을 완화하는 치료제로 쓰였다. 그러나 이 약물은 태아에게 심각한 문제를 일으켜 전 세

---

* 나의 스승이기도 한 서울대 경영학과 윤석철 교수님은 수업 시간에 늘 "전체 최적은 부분 최적의 양보 또는 희생을 통해서만 달성된다."라고 말씀하셨다.

계적으로 1만 명 이상의 기형아를 태어나게 했다. 증상만 효과적으로 제어했던 해결책이 나중에 훨씬 더 심각한 부작용을 초래한 것이다.

영어유치원에서 미국 교과서를 가르치고 입시 스타일의 문제를 풀게 하는 것은 유명 초등영어학원의 합격률'만' 높이려는 대증요법이다. 뇌의 발달 속도와 맥락에 맞게 영어를 '습득'시키는 것이 아니라 나이에 맞지 않는 내용을 '학습'시키는 것이다. 최근에는 영어뿐만 아니라 국어와 수학까지 이러한 행렬에 합류했다. 목표는 오직 의대나 명문대에 들어가는 로드맵을 따라가기 위해서다. 그러나 이러한 대증요법을 아이에게 강제하면 엄청난 스트레스를 줄 뿐만 아니라 장기적으로 정신적인 장애를 유발할 수도 있다. 실제로 강남 3구에서 9세 이하 아동의 우울증과 불안장애로 건강보험을 청구한 건수가 2020년부터 2024년까지 4년 만에 무려 세 배 이상 증가했다.

시스템의 골칫거리: 도덕적 해이

시스템의 또 다른 골칫거리 중 하나는 참여자들의 뒷문[Backdoor]를 통한 불법적인 거래다. 하나의 시스템은 반드시 또 다른 시스템과 연계되어 있으며, 정해진 규칙에 따라 사람이나 정보가 드나드는 문이 있다. 그렇지만 시스템 참여자들은 뒷문의 유혹에 취약하다. 세관을 우회하는 밀수처럼, 뒷문을 이용하는 것은 위험을 감수할 만한 이익이 따르기 때문이다.

오래전부터 대치동에서는 강사들이 내신 문제나 수능 문제를 예측하고, 이것이 적중하면 그 능력을 칭송받으며 엄청난 마케팅 효과를 거두고는 했다. 그런데 이러한 문제 예측은 대부분 현역 교사와 불법적으로 거래한 결과로 드러났다. 2025년에 감사원이 발표한 보고서 「교원의 사교육 시장 참여 실태 점검」에 따르면, 최소 249명의 현직 교사가 대치동의 대형 입시학원 유명 강사들에게 시험 문제를 불법으로 판매한 것으로 밝혀졌다. 거래액은 2018년부터 2022년까지 드러난 것만 따져도 212억 9000만 원에 달했다. 교사 1인당 평균 8550만 원꼴이다. 심지어 사교육 업체에 문항을 판매한 교사 가운데 16명은 수능이나 모의평가 출제요원으로 선발돼 출제에 참여하기도 했다. EBS가 2023년에 발행한 수능 연계 교재의 문항을 출제한 교사가 같은 문항을 대형 입시학원 강사에게도 팔았는데, 이 문제가 당해 수능에 출제됐다.

시스템의 골칫거리: 울타리를 넘는 사람들

법이 사회 시스템을 조절하는 가장 쉽고 빠른 방법은 숫자를 조정하는 것이다. 예를 들어 시내에 교통사고 다발 지역이 있다면 주행 제한속도를 시속 30km 정도로 낮추고 감시카메라를 달면

차량의 운전 속도를 통제할 수 있다. 하지만 이렇게 숫자를 바꾼다고 해도 모든 운전자들이 모든 구간에서 시속 30km로 달리는 것은 아니다. 감시카메라가 없는 곳에서는 제한속도를 무시하고 과속운전하기도 한다.

우리나라는 미성년자를 대상으로 한 학원의 운영시간이 제한된다. 초등학생은 21시, 중학생은 22시, 고등학생은 23시다. 서울, 경기, 대구, 광주 등 일부 지역은 모두 22시로 통일돼 있다. 2009년에 이 제도가 도입된 이후 한동안 제한시간을 넘어 운영하는 학원을 적발하는 파파라치들이 활동했다. 그런데 얼마 지나서 파파라치들이 잠잠해지고 나자 이 숫자를 깨는 자들이 다시 등장하기 시작했다. 학원 내부를 암막으로 가린다거나, 가정집을 과외 공간으로 개조하거나, 숫자의 적용이 모호한 심야 시간이나 새벽에 학원 수업을 시작하는 등 갖가지 창의적인 방법이 동원됐다. 10시 이후에 스터디카페에서 조교가 공부를 봐주거나 온라인으로 강의를 이어가는 학원은 실제로 꽤 많다. 그래서 대치동의 진짜 수업은 22시가 지나야 시작된다는 소문이 떠돌기도 했다.

루트 n의 법칙

1933년에 노벨 물리학상을 받은 오스트리아의 물리학자 에르빈 슈뢰딩거Erwin Schrödinger는 물질을 구성하는 재료인 원자에 비해 생명체는 왜 이렇게 커야 하는지 의문을 가졌다. 그가 내놓은 답은 루트 n의 법칙이었다.*

물이 담긴 접시에 잉크 한 방울을 떨어뜨리면 잉크가 사방으로 퍼진다. 이때 잉크 분자 대부분은 잉크 농도가 진한 쪽에서 옅은 쪽으로 향한다. 그런데 반대로 농도가 진한 쪽으로 향하는 분자들도 있다. 슈뢰딩거에 따르면, 전체 잉크 분자 수를 n이라고 했을 때 평균에서 벗어나 예외적으로 움직이는 '역적 분자'의 수는 루트 n개다. 만약 전체 분자 수가 100개면 역적 분자는 10개고, 전체 분자 수가 10,000개면 역적 분자는 100개가 된다.

여기에서 슈뢰딩거는 역적 분자의 '비율'에 주목했다. 전체 분자의 수가 100개인 경우에 역적 분자의 비율은 10퍼센트가 된다. 그런데 전체 분자의 수가 10,000개일 때는 역적 분자 비율이 1퍼센트가 된다. 전체 분자의 수가 1조 개라면 역적 분자의 비율은 0.01퍼센트로 줄어든다. 전체 숫자가 클수록 역적 분자의 비율은 훨씬 더 낮아진다. 즉 생명체의 크기가 클수록 오차가 발생할 가능성이 줄어들며 생존에 유리해지는 것이다. 참고로 사람의 세포는 대략 100조 개이고, 세포 1개 당 100조 개의 원자로 이루어져

---

* 루트 n은 제곱해서 n이 되는 양수를 말한다. 10×10=100이므로 루트 100은 10이다. 2×2=4이므로 루트 4는 2다.

있다.

　루트 n의 법칙을 대치동 시스템에 적용해보자. 대치동에서 사교육에 참여하는 학생의 수는 최소한으로 잡아도 100,000명 이상일 것이다.* 루트 100,000은 약 316이다. 슈뢰딩거에 따르면, 대치동 시스템을 이용하는 학생 가운데 대략 300명 정도가 법의 테두리를 벗어나 있다고 볼 수 있다. 비율로 따지면 약 0.3퍼센트에 불과해 아직 사회적으로 크게 문제가 될 정도는 아니다. 그러나 깨진 유리창 하나를 방치하면 그곳을 중심으로 곧 무질서가 퍼지게 된다.** 그 수가 임계점을 넘어가면 정부가 개입하기 시작할 것이고, 시스템 전체에 위기가 찾아올 수 있다.

---

* 2024년 기준으로 강남구 초등학생은 26,239명이며, 중학생은 28,577명, 고등학생은 25,314명이다.
** 미국의 범죄학자인 제임스 윌슨James Q. Wilson과 조지 켈링George L. Kelling이 발표한 이론이다.

이해중독의
함정을 넘어서

철도의 레일은 두 가닥으로 깔려 있다. 이 둘 사이의 간격을 궤간軌間이라고 한다. 궤간은 381mm부터 1,676mm까지 다양한데, 1,435mm가 표준궤간으로서 전 세계적으로 가장 많이 사용된다.

궤간은 한번 깔리고 나면 바꾸기가 어렵다. 궤간을 변경하려면 해당 간격의 레일 전체를 뜯어내고 다시 설치해야 한다. 그런데 기차로 많은 짐을 실어 나르는 도중에 궤간이 다른 구역을 만나면 어떻게 해야 할까?

한 가지 방법은 기존 레일이 끝나는 지점에서 일단 짐을 내리고 새로운 궤간을 달릴 수 있는 다른 기차에 짐을 옮겨 싣는 것이다. 다른 하나의 방법은 처음부터 기차 바퀴의 폭을 자유롭게 바꿀 수 있는 기종을 이용하는 것이다. 그러면 짐을 내리고 다시 싣는 절차를 거치지 않고 계속해서 달릴 수 있다.

판서 수업과 이해중독의 함정

뇌 안에서 정보가 이동하는 경로를 철도라고 간주해보자. 그러면 무언가를 배운다는 것은 다른 사람의 뇌에 들어 있는 지식을 나의 뇌로 옮기는 작업이 된다. 모든 사람은 자신만의 궤간을 가지고 있고, 전 세계 인구 중에서 나와 궤간이 정확히 일치하는 사람은 단 한 명도 없을 것이다. 그래서 다른 사람의 지식을 내 것으로 만들려면 일단 다른 사람의 열차에서 짐을 내린 다음 내 열차에 다시 실어야 한다. 그러지 않고 그대로 달린다면 기차는 탈선하고 짐은 모조리 쏟아지게 된다.

판서 수업은 가르치는 사람이 기차 바퀴의 폭을 일정하게 맞춰놓고 학생들에게 지식을 전달하는 과정이다. 바퀴의 폭이 정해져 있기 때문에 판서의 수준과 궤간이 어느 정도 일치하는 학생 그리고 스스로 궤간을 조정할 수 있는 일부 상위권 학생만 판서된 지식을 온전히 전달받을 수 있다. 궤간이 맞지 않는 학생은 탈선한 기차가 쏟아놓은 지식들 가운데 일부만 자신의 열차에 실을 수 있을 뿐이다.

일부 강사는 바퀴의 폭을 자유자재로 변경하여 궤간이 다른 여러 사람의 뇌에 곧바로 지식을 전달할 수 있다. 이럴 때 학생들은 이해가 잘 된다고 판단한다. 그러나 이것은 이해하는 것이 아니라 '이해하도록 유도되는' 것이다. 스스로 사고하는 대신 다른 사람의 사고를 따라가는 것일 뿐이다. 그럴수록 뇌는 나태해지고 무력해진다. 수동적 이해에 익숙해진 뇌는 점점 허약해져서 다른 사람의 열차에서 짐을 내려 자신의 열차에 옮기는 작업조차 불가능해지기도 한다. 나는 이것을 '이해중독'이라고 표현한다.

요즘 학생들에게 심각한 현상 가운데 하나가 바로 이해중독이다. 수학은 특히 이해가 중요한 과목인데, 많은 학생들이 이해란 끝이 아니라 시작점이라는 것을 이해하지 못한다. 반복과 연습을 통해 뇌가 시퀀스Sequence를 만들어야 장기기억으로 전환되어 정말로 '내 것'이 된다. 그런데 이를 수행하지 않고 다음으로 넘어가기 때문에 항상 '남의 것'만 뇌에 남는다.

이해중독을 넘어서려는 대치동 시스템

대치동에서는 십수 년 전부터 판서 수업의 한계를 극복하기 위한 여러 가지 맞춤형 솔루션들을 개발했다.* 최상위권 서너 명을

---

* 용어 만들기에 능한 대치동 학원들답게 그 이름들도 다양하다. '클라디 학원'의 CRMchallenge, raise, make, '더원학원'의 BMWBreak Math Weakness!, '원학원'의 자가수정, '필수학학원'의 매핑노트, '더프라임학원'의 화이트,레드,블랙 테스트 등이 있다.

묶어서 하는 음성적인 소수 고액 과외 시스템, 한 반에 예닐곱 명 정도를 편성하여 무학년제로 운영되는 시스템, 자기주도학습이 가능한 상위권 학생 십여 명을 심화학습시키는 시스템, 판서와 개별수업의 하이브리드 시스템, 성과 코칭 시스템 등 대치동에서는 이미 여러 유형의 맞춤 시스템이 치열하게 생존 경쟁 중이다.

특히 하이브리드 시스템은 판서식 강의의 효율성과 개별 맞춤형 코칭의 유연성을 전략적으로 결합하여 가성비를 높였다는 평가를 받는다. 하이브리드 시스템은 상위권 학생과 중하위권 학생의 트랙을 다르게 설정한다. 상위권 학생들을 가르칠 때는 개념과 유형은 판서 수업으로 빠르게 진도를 빼고, 심화 문제는 맞춤형으로 정확성을 높이고, 킬러 문항은 다시 판서 수업으로 밀도를 높인다. 중하위권 학생을 가르칠 때는 개념은 맞춤 수업으로 빈틈없이 채워주고, 유형 학습은 판서 수업으로 진도를 빼고, 심화 문제는 다시 맞춤 수업으로 완벽하게 이해시킨다.

이전의 클리닉이 단지 개념을 이해시키거나 오답 관리를 해주는 수준에 그쳤다면, 성과 코칭 시스템은 총체적이고 복합적인 관리를 수행한다. 성과 코칭은 본래 기업에서 직원들을 대상으로 활용하는 방법이다. 단순히 업무만 가르치는 것이 아니라 팀별, 개인별 목표를 수치로 설정하고 목표 달성에 필요한 세부 전략과 전술을 짜서 지속적으로 피드백해준다. 이와 마찬가지로 학생이 스스로 목표를 설정하게 하고, 이를 달성하기 위한 습관 형성, 동기 부여, 개인별 약점 보관까지 관리한다.

하나의 학원에서 판서 수업과 개별 맞춤 수업을 분리하여 서로 다른 브랜드로 운영하는 경우도 있다. '대치명인학원'은 본래 판서 수업을 하는 단과 위주의 학원인데, 개별 맞춤 학원인 '대치명인스카이'를 출범시켰다. 처음에는 샵인샵 형태였다가 점차 분리해서 운영하고 있다.

판서 수업은 보편적인 수업 방법이지만, 궤간의 차이라는 근본적인 한계가 있다. 대치동 일부와 비 대치동 지역의 많은 학원이 여전히 판서 수업을 주력으로 하고 있으며, 판서 수업의 한계에서 비롯된 문제를 '클리닉'이란 이름으로 근본적인 치료 없이 증상만 완화시키고 있다. 수업 방식의 문제를 마치 학생의 문제인 것처럼 프레임을 짠 것이다. 그런데도 학부모들은 클리닉 비용까지 부담하는 실정이다.

강의 시스템의 효과와 효율성에 대한 고민과 혁신은 대치동 밖에서도 이루어져야 한다. 학부모의 적극적인 관심과 정보력이 학원을 바꾼다.

대치동 시스템은
다른 곳에서도 통할까

새로운 시스템이 등장하면 일단 혁신수용자Innovator와 초기수용자Early Adopter에 의해 채택된다.* 이들의 수요가 끝나고 나면 대중의 수요로 이어지기까지 확산이 정체되는 구간이 발생하는데, 이를 캐즘Chasm이라 한다. 자신의 가치가 입증된 시스템은 캐즘을 넘어 대중에게 받아들여지게 된다.

캐즘을 넘기 전까지 대중은 새로운 시스템을 거부한다. 대중에게는 새로운 시스템의 가치나 혁신성, 효용성, 안정성 등을 평가

---

* 제프리 무어Geoffrey A. Moore는 저서 『캐즘마케팅』(세종서적, 2015)에서 소비자를 혁신수용자, 초기수용자, 초기대중, 후기대중, 지각수용자로 구분했다.

할 경제적, 심리적, 시간적 여유가 없다. 또 이제까지 사용해오던 익숙한 시스템이 아니기 때문에 일단 반감을 갖거나 배척한다. 시스템이란 그저 하나의 제품이 아니라 일종의 생태계이기 때문에 기존 시스템에 연결된 조직이나 단체가 격렬히 저항하며 대중의 눈과 귀를 막기도 한다. 하지만 초기수용자 등에 의해서 새로운 시스템의 가치가 증명되고 나면 대중은 반감을 서서히 접고 수용의 단계에 접어든다. 그렇게 새로운 시스템은 광범위하게 퍼진다.

대치동 시스템의 구조

대치동은 1990년대 초반부터 다른 지역과는 다르게 진화하기 시작했다. 그리고 몇 년 전부터 압도적인 성과로 자신의 가치를 증명해왔다. 서울대 의대를 포함한 주요 의대의 합격자와 수능 만점자 대부분이 대치동 시스템을 이용했다.* 2024년 의대 모집인원 3,058명 가운데 정시 인원은 1,000여 명이었는데, N수생의 비율이 80퍼센트에 이르렀고 이들 대부분이 어떤 식으로든 대치동 시스템과 연결고리가 있다.

대치동에는 매우 촘촘한 생태계가 구축되어 있다. 이곳에는 과

---

* '시대인재N 명예의 전당'에 들어가면 서울대와 주요 의대 합격생의 명단이 공개되어 있다.

목별, 시기별, 목표별로 비계가 존재하여 암벽의 문턱을 낮춘다. 최상위권 대상의 학원이 앞서 달리고 뒤처지는 학생들이 낙오되지 않도록 다른 학원들이 받쳐주는 계단식 구조가 겹겹이 마련되어 있다. 최악의 경우 낙오되더라도 다른 루트로 목표에 다다르는 방법도 다양하게 존재한다. 지금은 바늘 하나 꽂을 데가 없지만, 과거에는 로드맵상의 작은 빈틈을 찾아서 먼저 채우는 것이 성공의 열쇠였다. 대치동에서 잘 굴러가는 학원들은 반드시 그 학원이 잘나서 그런 것이 아니라, 대치동 생태계 내에서 적합한 생존 영역Niche*을 발견하여 차지했다고 보는 편이 맞다.

대치동 시스템의 핵심 동력은 강사들이다. 각 나라의 최고 선수들이 미국 프로리그에 진출하는 것처럼 각 지역의 대표 학생들이 대치동으로 유입되면서 경쟁 강도가 높아진다. 그 결과 한 타임에 수백 명을 가르치는 일타 강사는 말할 것도 없고 수강생이 몇 명되지 않는 강사들조차 공진화Coevolution의 압박에 시달린다. 아카시아의 키가 커질수록 목이 긴 기린만 살아남듯이, 학생의 수준이 높아질수록 더 앞서나가는 강사들만 살아남는다.

---

* 생물학에서 'Niche'는 생존 영역을 의미한다. 경영학에서는 작은 틈새시장을 니치마켓Nichemarket이라 부른다.

대치동 시스템은 다른 지역으로 확산될 수 있을까

과거에 대치동은 자녀 교육에 '미친' 사람들이 모여서 맹목적으로 달리는 곳이라는 선입견이 있었다. 하지만 지금은 의대나 명문대를 목표로 유치원 이전부터 세밀한 로드맵을 가지고 치밀한 전략을 구사하는 곳으로 이미지가 바뀌었다. 자타공인 '입시의 명문'이 된 것이다.

예전에 다른 지역의 학원들은 대치동 명문 학원의 브랜드 이미지만 가져와 학원 사업에 이용하곤 했다. 그런데 지금은 '대치동 시스템' 자체를 지역에 이식하려는 시도가 늘어나고 있다. 생각하는황소, 기파랑문해원, 시대인재 등 대치동을 대표하는 학원의 가맹사업이 가속화되는 것이 그 흐름 중 하나다.

앞서 대치동 시스템의 구조를 이야기하며 그 핵심 동력은 '강사'라고 이야기했다. 그렇다면 다른 지역의 학원이 대치동에서 활동한 스타 강사를 데려오고, 대치동 학원의 시스템을 그대로 이식하면 마찬가지로 성공할 수 있을까?

내 대답은 회의적이다. 우선 대치동 밖에서는 시스템에 적합한 강사를 선발하는 것도 쉽지 않다. 대치동의 유명 초등영어학원들이 프랜차이즈화에 실패한 대표적인 이유가 바로 강사 수급 문제였다. 그런데 그보다도 훨씬 더 근본적인 문제가 있다. 바로 문화의 차이다.

대치동은 공기부터 다르다

문화는 시스템의 하부구조에 속한다. 이는 구성원의 신념과 가치를 형성하여 시스템의 성공을 좌우한다. 부패가 만연한 국가의 사법 시스템은 제대로 작동하지 않는다. 젠더 갈등이 심하면 구성원 재생산 시스템이 삐걱거린다. 교사가 존중받지 못하면 공교육 시스템이 무너진다.

문화를 바꾸지 않고서 시스템만 개선하려는 노력은 대개 실패한다. 시스템을 개선하려면 가장 먼저 그 문화가 무엇인지 파악해야 한다. 이때 가장 좋은 방법은 "여기는 어떤 곳인가?"라는 질문을 던져보는 것이다.

"대치동은 과연 어떤 곳일까?" 질문을 받은 사람은 아마 대부분 "공부하는 곳"이라고 답할 것이다. 이 대답은 매우 사실에 가깝다. 대치동은 자녀의 공부를 위해 들어왔다가 입시가 끝나면 나가는 대학 캠퍼스 같은 곳이다. 실제로 대치동 동네의 구성요소는 캠퍼스의 일부로서 존재한다. 상업시설의 60퍼센트 이상이 학원이고, 나머지는 식당, 카페, 스터디카페, 학사, 인쇄소, 병원, 한의원 등 사교육의 지원시설로 거의 빈틈없이 채워져 있다. 카페 하나만 보아도 학부모들이 모이는 카페, 과외하는 카페, 공부하는 카페 등 구성원들의 동기와 동선에 맞춰 최적화되어 있다.

부모 가운데 한 사람이 자녀의 '입시 매니저' 역할을 도맡아 수행하는 것도 대치동의 특징이다.* 이런 부모들은 휴직하거나 휴업하면서까지 자녀 교육에 몰입한다. 이들에게 가장 중요한 목표는 자녀가 의대나 명문대에 입학하는 것이기 때문이다. 일부 학부모들은 자녀의 입시 성과가 자녀뿐만 아니라 자신의 사회적 지위도 결정짓는다고 믿는다. 이런 부모들은 온라인과 오프라인을 가리지 않고 네트워크를 형성하여 자녀의 입시 경로 전체를 기획하고 관리한다. '디스쿨' 같은 온라인 커뮤니티를 활용하는데, 소수의 지인끼리 주고받는 입소문이 더욱 강한 파급력을 지닌다.

대치동은 공부하는 습관을 만들어주는 곳이기도 하다. 어릴 때 공부 습관을 잡아주는 것은 어린 나이부터 악기 연주나 운동을 시작하는 것처럼 중요한 기점이 된다. 어떤 삶을 살더라도 공부는 필요하다. 그리고 어릴 적부터 '나는 공부하는 사람이다.'라는 정체성이 각인되면 자연스럽게 공부가 습관이 된다. 제임스 클리어James Clear는 저서 『아주 작은 습관의 힘』(비즈니스북스, 2019)에서 '당장은 미미해 보이는 작은 습관의 차이가 시간이 지나면 큰 결과의 차이를 만들어낸다.'라고 주장했다.** 그리고 대치동은 학습과 관련한 행동을 유도하는 신호등이 체계적으로 작동하고 있

---

* 2025년 초 희극인 이수지가 몽클레르 패딩을 입고 에르메스 목걸이를 착용한 채 포르쉐 카이엔 차 안에서 김밥으로 끼니를 때우며 아이를 학원에 데려다주는 대치동 맘의 모습을 패러디하여 화제가 됐다.

고, 방해 요소는 자연스럽게 배제되는 곳이다.

결국 '대치동 시스템의 성공은 공부를 중심으로 돌아가는 대치동의 총체적인 문화에서 비롯된다.'라고 정리할 수 있다. 대치동 시스템을 다른 지역에 그대로 이식하더라도 문화가 다르면 대치동처럼 작동하기는 어렵다. 어쩌면 목동이나 분당 등 대치동과 비슷한 문화를 가진 곳에서는 대치동 시스템을 그대로 적용해도 비슷하게 작동할지 모른다. 그렇지만 다른 문화를 가진 곳에서는 그 지역적 특색에 맞게 시스템을 현지화해야 한다.

"대치동 시스템이 다른 지역에서도 먹힐까?"라는 질문은 생산적인 변화를 만들어낼 수 없다. 그보다는 "이 지역은 어떤 곳인가?"라는 질문의 답부터 구하는 것이 통하는 시스템을 찾아내는 출발점이다.

** 대치동이 가지는 문화적 배경의 최종 수혜자는 결국 학생들 자신이다. 최근 여러 분야의 전문가들이 학생들의 스트레스와 불안증을 염려하지만, 시스템이 그렇게 단순하게 작동하는 것은 아니다. 단면만 보지 말고 시스템 전체와 시스템을 둘러싼 문화적 배경을 봐야 한다.

CHAPTER 3

대치동 리포트:
성공가도에 오르는
통행료

SKY 공장,
메디컬 게이트로 진화하다

2010년대 초반까지 대치동은 소위 SKY 입학을 위한 거대한 공장이었다. 그러나 2025년 현재 대치동의 풍경은 완전히 바뀌었다. 지금 대치동은 전국의 최상위권 인재들이 의과대학에 입학하기 위해서 통과해야 할 '메디컬 게이트'다. 이는 의사라는 직업이 제공하는 압도적인 경제적 보상과 SKY 졸업자의 암울한 미래가 불러온 필연적인 귀결이다.

명문대의 몰락과 의과대학의 부상

다음은 2024~2025년 기사 가운데 의과대학과 SKY의 지원자와 합격자 그리고 자퇴자와 관련한 수치를 나열한 것이다.

- 2025학년도 SKY 미충원 인원 42명(서울대 9명, 연세대 18명, 고려대 15명)
- 2025학년도 수시 SKY 합격자 중 3,888명 등록 포기(서울대 204명, 연세대 1,845명, 고려대 1,839명)
- 2025년 연세대 수시합격자 등록 포기율 84.9퍼센트
- 2024년 SKY 자퇴 학생 수 2,131명(서울대 412명, 연세대 822명, 고려대 892명)
- 2025학년도 의과대학 수시 모집 지원자 수 7만 명 돌파
- 의과대학을 지망하는 대학생과 직장인의 무한 N수 대열 확대

의학 계열의 매력이 급부상하는 동안 전통적인 엘리트 경로였던 명문대 이공계의 위상은 급격히 추락했다. 국내 최고의 과학기술 특성화 대학인 KAIST에서는 최근 3년간 182명의 학생이 오직 의대 진학을 목표로 자퇴했으며, 그 수는 매년 증가하는 추세다. SKY 가운데서도 서울대 화학생물공학부, 연세대 공학계열 등 간판 학과들이 오히려 가장 높은 중도 탈락률을 기록하고 있다. 이 현상은 학부생에만 국한되지 않는다. 석·박사 과정에 있는 고급 두뇌들마저 연구를 중단하고 의학전문대학원이나 수능 재도전에 뛰어들고 있다.

메디컬 게이트로 리뉴얼된 대치동

정부의 의대 정원 확대 발표는 사교육 시장에 기름을 부은 격이 됐다. 의대 문턱이 낮아질 것이라는 기대 심리가 학부모들을 자극하면서 의대 준비 프로그램이 전국적으로 빠르게 확산했다. 하지만 정부가 의대 정원을 다시 원래대로 3,058명으로 되돌리면서 학부모와 재학생, N수생, 사교육과 공교육 관계자들의 수 싸움이 더욱 치열하게 전개되고 있다.*

그러는 동안 대치동은 메디컬 게이트로의 리뉴얼을 빠르게 진행했다. 대치동 학원들은 다른 지역의 학원들처럼 단순히 교과목을 가르치는 수준에 머무르지 않는다. 이들은 의대 입시라는 과정을 정밀하게 분석하고 역설계하여 마치 공장 같은 시스템을 구축했다. 그 가운데 시대인재는 정시 발사대로 불리며 의대 정시 합격생의 절반 이상을 차지한다. [표 3-1]을 보자.**

---

* 정부는 2025학년도 의대 정원을 3,058명에서 1,500명 늘렸다가 의료계의 거센 반발로 2026학년도 의대 정원을 '조건부 원상 복귀'시켰다. 늘어난 의대 정원은 주로 지방에 유리한 전형이어서 지방으로 이주한 가정에서부터 직장인 N수생까지 정부의 정책에 따라 매년 희비가 엇갈리고 있다.

** 예전에는 대형학원 홈페이지에 SKY 합격생이 맨 위에 소개되었지만, 지금은 메디컬 합격생이 가장 먼저 위치한다.

구분	합격자 수(등록자 수)
서울대 의대	15명(15)
연세대 의대	36명(29)
메이저 의대 (서연카성울고)	133명(116)
전국 39개 의대	1,327명(1,110)
의치한(Medical)	1,732명(1,464)
의치한약수	2,320명(1,985)

[표 3-1] 2024년 시대인재 의대 입시 결과

또한 대치동에는 수시전형의 합격을 위해 절대적으로 중요한 다중미니면접Multiple Mini Interview, MMI*을 1:1로 코칭해주는 학원 또한 다수 존재한다. 심지어 현직 의대생을 멘토와 컨설턴트로 연결해주는 등 의대 입시의 모든 과정을 상품화하고 있다.

메디컬 게이트의 고객은 이미 고등학생에서 초등학생으로 내려왔다. 요즘 대치동 학원가는 '초등 의대반', '영재 의대반'이라는 간판으로 뒤덮여 있다. 초등학교 3학년 학생들을 대상으로 의대 진학을 위한 조기 교육 프로그램이 돌아간다.

---

* 의과대학에서 실시하는 인·적성 면접의 한 형태로 여러 개의 면접실을 순서대로 돌면서 각 방에서 주어진 상황이나 질문에 답변하는 방식으로 진행된다. 지원자의 의사로서의 자질, 윤리의식, 문제 해결 능력, 의사소통 능력 등을 종합적으로 평가하는 것이 목적이다.

이처럼 대치동이 'SKY 공장'에서 '메디컬 게이트'로 리뉴얼되는 현상은 일부 학생과 학부모만의 비이성적인 열풍으로 볼 수만은 없다. 그보다는 불안한 미래를 대비하기 위한 지극히 합리적인 선택으로 보아야 할 것이다. 게다가 갈팡질팡하는 정부의 정책과 대응이 불안을 더욱 부채질하고 있다.

대치동의 변화는 어쩌면 우리 사회가 앓고 있는 더 깊은 병의 증상에 불과한지도 모른다. 이 문제를 해결하기 위해서는 우리 사회가 어떤 직업에 더 큰 보상을 해야 하고 어떤 재능을 키워내야 하며 궁극적으로 어떤 미래를 만들고 싶은지 근본적인 질문에 답해야 할 것이다.

4세 고시,
아동학대인가 전략적 선택인가

유치원생까지 영어교육 우리 말글살이 혼란 우려

– 우리말과 글을 제대로 익히기에도 벅찬 유치원생들에게까지
조기 영어교육 바람이 불고 있다.

– 초등학생 한 명당 270만 원을 받고 15일 동안 미국 LA 어학
연수를 진행하는 학원도 있다.

_1993년 「한겨레신문」 기사 요약

세 살배기도 영어교육

– 앞으로 중학교의 영어교육이 의사소통 중심으로 바뀌게 됨
에 따라 강남의 아파트타운에서는 외국인 강사 모시기에 혈

안이 되어 있다.

_1994년 「경향신문」 기사 요약

젖먹이도 영어 배운다. 강남 조기 교육 바람

– 세계화 바람이 불면서 유아나 초등학생들을 대상으로 한 외
국어 조기 교육 붐이 서울 강남 일대를 중심으로 크게 번지고
있다.
– 생후 6개월부터 2세 미만의 유아반에 10명이 등록했다.

_1995년 「동아일보」 기사 요약

영어 조기 교육에 우르르

– 교육부는 2008년부터 초등학교 1학년 학생부터 학교에서 영
어를 가르치겠다고 발표했다.*
– '조기 영어교육에 찬성한다.'라는 응답이 59.4퍼센트로 '반대
한다.'(24.4%)라는 응답보다 배 이상 많았다.
– 전문가들은 아래와 같은 이유로 반대하고 있다.

＊2016년에 헌법재판소는 초등학교 1, 2학년 대상 영어교육 금지에 대해 합헌이라고 결
정했다. 이에 따라 초등학교 1, 2학년은 정규 교육과정에 영어 과목을 개설할 수 없고 3, 4
학년은 주당 2시간, 5, 6학년은 3시간 이내에서 영어 수업을 편성해야 한다. 수학 등 다른
과목을 영어로 가르치는 영어몰입교육은 모든 학년에서 금지됐다.

① 사교육 조장으로 교육 양극화 발생

② 초등학교 저학년 단계에서 우리말·글 습득이 우선

③ 자격 있는 교사 확보의 어려움

_2006년 「경향신문」 기사 요약

학원에 꿈을 저당잡히다

– 정부의 영어몰입교육 바람을 타고 등장한 것이 있다. '영어유치원'이다. 강남구 대치동에서 명문으로 손꼽히는 A 영어유치원은 1년 전 대기 명단에 이름을 올려야 입학할 수 있다. 너도나도 몰려드는 이 영어유치원에선 매년 기현상이 벌어진다. 시간이 흐를수록 입학하는 원생의 나이가 점점 어려지는 것이다. 아직 한글도 제대로 떼지 못한 3~4살 원생이 치열한 입학 경쟁을 뚫고 들어온다. 영어유치원 주변에서는 "영어로 옹알이를 하는 것 아니냐?"라는 우스갯소리가 나온다.

_2013년 「더스쿠프」 기사 요약

위 기사들을 찬찬히 읽어보자. 1990년대 기사조차 어제 날짜 신문 기사라고 해도 별로 위화감이 느껴지지 않을 것이다. 영어 조기 교육에 대한 사회적 관심이 단지 어제오늘의 문제가 아니라는 사실을 알 수 있다.

영어 조기 교육의 흐름

1990년대 초반에 정부는 국제화·세계화를 추진하는 과정에서 영어 사용 능력의 필요성을 강조하며, 조기 교육을 통해 어릴 때부터 국제 사회에서 필요한 수준의 영어 능력을 키워야 한다는 의제를 교육계에 던졌다.

그러자 공교육보다 사교육이 먼저 응답했다. 이때라는 듯이 1994년에 대치동과 압구정동에 주니어 영어학원이 들어섰고, 1995년에는 서강대학교에서 'SLP'라는 브랜드로 강남, 서초, 목동, 노원, 평촌, 대전 등에 6개 학당을 개원했다. 88올림픽 이후 해외에 진출한 기업이나 정부의 해외주재원들이 많아졌는데, 귀국한 이들은 자녀에게 해외 체류의 기회가 가져다준 영어교육의 기회를 연장시키고 싶어 했다. 이들의 자녀가 어린이 대상 영어 학원의 마중물 역할을 했다.

영어 조기 교육이나 조기 유학의 인기가 사그라질 때쯤, 이명박 정부는 한층 더 과감한 영어교육 정책을 선보였다. 초등학교 1학년부터 영어교육을 시작하는 것도 모자라 다른 과목을 영어로 가르치는 영어몰입교육까지 밀어붙였다. 결과적으로 제대로 시행되지는 않았지만, 꺼져가던 영어 사교육의 불쏘시개 역할만은 제대로 했다.

초등학생을 대상으로 한 영어몰입교육 사태의 최대 수혜자는 영어유치원이었다. 초등학교 1학년부터 학교에서 영어를 공부한다면 사교육은 그보다 어린 나이에 시작해야만 했다. 이때부터 법적으로는 유치원이 아니라 영어학원 유치부에 불과한 '학원'이 '영어유치원(이하 영유)'으로 포지셔닝하면서 대치동을 비롯한 여러 학군지에 자리를 잡았다.

결국 영유와 법적 유치원의 충돌은 피할 수 없게 됐다. 물론 영유의 원비는 월평균 120~150만 원인 것에 비해 유치원의 원비는 월평균 20~50만 원가량이어서 비용의 허들이 높았고, 기존 유치원에서도 영어를 가르치기 시작하며 영유의 확산이 어느 정도 억제되는 것처럼 보였다. 하지만 최근 5년 사이 영유의 수는 거의 두 배 가까이 증가한 반면, 사립 유치원의 수는 20퍼센트가량 급감하면서 둑이 무너진 듯하다.

입시 전략의 첫 단추가 된 영어 조기 교육

과거에는 정부가 나서서 조기 교육의 필요성을 언급하거나, 공교육에서 영어몰입교육안을 제시하며 그에 대한 반작용으로 영어 사교육이 성장했다. 반면 최근의 영어 조기 교육은 대입, 특히 의대와 명문대 입시 전략과 연계되어 있다.

2018학년도부터 수능 영어가 등급제로 바뀌면서 90점 이상이면 1등급을 맞고 원점수는 공개되지 않게 됐다. 즉, 수능 영어는

90점 이상이면 만점을 맞은 것으로 간주한다는 뜻이다. 그러면 초등학생 때 수능 영어 공부를 어느 정도 끝내 놓으면 다른 과목을 공부할 시간을 벌 수 있다는 계산이 나온다. 이에 따라 '4세 고시' 또는 '7세 고시'라는 이슈가 촉발됐다. 전자는 영유에 들어가기 위한 레벨테스트를 의미하고, 후자는 초등학교 입학 전에 유명 초등 수학·영어 학원에 들어가기 위해 치르는 시험을 의미한다.

과거와 현재의 영어 조기 교육은 현상 자체는 그리 달라지지 않았다. 그러나 그 동기가 정부 정책에 대한 대응이 아니라 개인의 전략적 선택으로 바뀌면서 비판에 참여하는 사람들의 분야가 다양해지고 비판의 수위는 훨씬 더 높아졌다. 박남기 광주교대 교육학과 교수는 "지나치게 어린 나이부터 언어 교육을 하면 학습에 미리 지치는 소진 현상이 발생한다."라며 "심한 경우 실어증과 대인 기피증을 겪기에 아이의 반응과 실제 학습 효과를 면밀히 관찰해야 한다."라고 언급했다. 영어 조기 교육을 다루는 기사의 댓글을 살펴보면 '아동학대'와 '선 넘었다'와 같은 표현도 쉽게 찾아볼 수 있다. 그렇다면 궁금하지 않을 수 없다. 영어 조기 교육은 30년 전에는 옳고, 지금은 그르다는 것일까?

옳고 그름을 떠나, 현재 영유가 대치동을 넘어 전국으로 확산하는 이유를 짐작해볼 수 있을 만한 논문이 하나 있다. 1997년에 캐나다의 진화심리학자 마고 윌슨Margo Wilson과 마틴 데일리Martin Daly

가 브리티시 의학 저널에 실은 「시카고 주민의 평균수명, 경제적 불평등, 살인, 출산 시기」라는 제목의 논문이다. 이 논문에서 저자들은 출산 시기나 범죄처럼 상황이나 성향에 기반한 것처럼 보이는 선택조차 경제적, 사회적, 문화적 맥락에 따른 합리적이고 전략적인 선택일 수 있다고 주장했다. 데이비드 슬론 윌슨David Sloan Wilson은 저서 『진화론의 유혹』(북스토리, 2009)에서 위 저자들의 주장을 실어 설명했는데, 간략히 정리하면 이러하다. 예를 들어 치안 등 주변 환경이 안정적이고 지역의 평균 수명이 높다면, 출산을 늦추고 장기 계획을 세워 그에 따라 움직이는 것이 전략적으로 유리한 선택이 된다. 그러나 치안이 불안정하고 지역의 평균 수명이 낮다면, 당장 필요한 것에 신경쓰고 일찍 출산하는 것이 유리하다. 또 어떤 조직에 속한 사람이 합리적인 절차와 경로에 따라 지위 획득이 가능하다면, 가능한 한 모험과 위험을 피하고 지위 획득을 위해 성실하게 일하는 편이 전략적으로 유리하다. 그러나 폭력 충돌이 빈번하며 승자가 모든 것을 갖는 지위 경쟁이 일어나는 조직이라면, 지위 획득을 위해 극단적인 위험도 감수하는 것이 유리한 선택이 된다.

4세·7세 고시의 이면에는 학부모들이 예측하는 암울한 미래가 새겨져 있을지도 모른다. 서울대를 졸업해도 취직하기가 어렵고, 석사나 박사 학위를 취득해도 안정된 삶이 보장되지 않는 것은 이미 일어나고 있는 현상이다. 자녀가 정년에 관한 걱정 없이 평생 고소득과 지위가 보장된, 이를테면 의사의 길을 걷게 하고 싶은 것은 학부모의 당연한 심정이다. 지금 벌어지는 4세·7세 고시 현상이 그들에게는 매우 합리적이고 전략적인 선택일 수 있다는 의미다.

원하는 인재상으로
재단해드립니다

컨설팅이란 '상담을 통해 조언을 주는 것'을 의미한다. 그러나 이는 사전적인 의미일 뿐이다. 비즈니스의 영역에서는 어디로 나아가야 할지 목적지를 안내해주고 문제 상황을 풀어갈 해법을 찾아주는 적극적인 형태의 관여가 이루어진다.

입시 컨설팅의 초기 모습은 해당 학생의 이력으로 갈 수 있는 최고의 대학을 찾아주는 정도였다. 하지만 지금 대치동의 컨설팅은 학생의 학교생활 전체를 기획하고 이상적인 인재상을 만들어내는 창조의 영역으로 넘어왔다.

만들어진 합격생

학생의 프로필은 학교 내신 성적과 수능 점수 같은 정량적 데이터 그리고 창의적 체험활동, 동아리 활동, 심층 탐구 보고서, 교사별 세부능력 및 특기사항 등으로 구성된 정성적 데이터의 총합이다. 이 프로필은 학생의 재능이나 관심사 그리고 노력의 결과물을 나타내야 한다. 그리고 입학사정관들은 학생의 프로필을 토대로 학업 역량, 전공 적합성, 발전 가능성, 그리고 공동체 역량 등을 평가한다.

그런데 일견 이상적으로 보이는 이 입시제도에는 한 가지 문제가 있다. 각 대학, 심지어 학과마다 추구하는 이상적인 인재상에 미묘하게 차이가 있다는 점이다. 수천 명의 우수한 지원자들이 '거의 동일한 소리'를 내는 현재 시스템에서는 사소하게 가다듬어진 작은 차이 하나가 합격과 불합격을 가를 수 있다. 바로 이러한 이유 때문에 전문적인 입시 컨설턴트들이 필요해졌다. 즉 입시 컨설팅 비즈니스는 시스템의 내재적 결함에 대한 시장 기반의 해결책으로서 등장한 셈이다.

대치동 입시 컨설팅 시장은 다양하고 세부적인 수요에 부응하며 각기 다른 생존 전략을 채택한 여러 유형의 학원들이 하나의 생태계를 이루고 있다. 예를 들어 '메디브릿지'나 '강남하이퍼스트'와 같은 학원은 최상위권 대학, 특히 의학계열 입시에 특화된 서비스를 제공한다. '로고스'와 '아토스', '프로세스'와 같은 학원들은 논술과 구술면접에만 집중한다. 이들은 매년 70명 전후의 학생들을 서울대 구술면접 전형에 합격시킨다. 이처럼 대치동 학원은 대규모 원스톱 솔루션에서 값비싼 부티크 학원까지 고객의 까다로운 니즈에 빈틈없이 대응한다.

전문 컨설턴트들은 대학이나 학과의 평가 기준들을 집요하게 연구한다. 이들은 학생의 프로필을 특정 평가 주파수에 공명하도록 정밀하게 튜닝한다. 예를 들어 전공 적합성을 높이기 위해 특정 심화 과목 이수를 권장하고 탐구 보고서의 주제를 목표 학과의 커리큘럼이나 교수진의 연구 분야와 직접적으로 연관시킨다. 또 공동체 역량을 돋보이게 하려고 동아리 내에서 리더 역할을 맡도록 권유한다.

대학이 원하는 인재상을 발표하면 컨설턴트들은 그에 맞춰 완벽하게 최적화된 학생 프로필을 만들어낸다. 그 결과 입학처는 놀라울 정도로 완벽하게 다듬어진 지원서들을 마주하게 된다. 이후에 대학은 컨설턴트의 이퀄라이제이션Equalization을 꿰뚫어 볼 수 있는 더 정교한 평가 방법을 개발하거나 다음 입시에서 평가 기준을 변경한다. 그러면 컨설턴트들은 다시 새로운 기준을 분석하여 또 다른 튜닝 기술을 만들어낸다. 이렇듯 컨설턴트와 대학 입학처 사이에는 공생적이면서도 긴장감 있는 군비 경쟁과 같은 관계가 형성되고, 학생은 그 중간에 낀 채 양측이 끊임없이 서로를 앞지르려 하는 순환의 고리에 갇히게 된다.

오디오 트랙이 과도하게 처리되면 생기 없고 거칠며 부자연스럽게 들린다. 마찬가지로 심하게 처리된 학생 프로필에는 진정성이 없을뿐더러 학생 본연의 목소리가 왜곡된다. 학생의 진정한 관심사는 소외되고, 학생은 평가자가 원하는 버전의 자신을 연기하는 법을 배운다. "나는 누구인가?"라는 본질적인 질문 대신에 "그들은 내가 어떤 사람이기를 원하는가?"를 묻게 되는 것이다.

교육의 목표가 대입 시스템에 맞춰 완벽하게 세팅된 학생을 만드는 것이 되어서는 안 된다. 학생 한 명 한 명이 자신만의 독특하고 진정한 목소리를 발견하고 그 목소리를 스스로 증폭시킬 자신감과 기술을 갖도록 돕는 것이어야 한다. 하지만 지금의 대치동에서 그 길은 무척이나 요원해 보인다.

'닥치고 수학'하는
양치기 소년들

"허준이 교수는 고등학생 시절에 시간을 갖고 시행착오를 통해 문제를 해결하는 데는 누구보다 재능을 보였다. 하지만 정해진 시간에 많은 문제를 빨리 푸는 것은 영 시원찮았다. 이런 학생에게 입시를 위해 50분에 20문제를 실수 없이 풀라고 끊임없이 연습시키면 끔찍할 수밖에 없다."

아주대 수학과 박형주 석좌교수가 2022년 필즈상 수상자인 허준이 교수의 사례를 통해 수학 교육의 현실을 비판한 말이다.

이 끔찍한 일을 가장 잘하는 곳이 대치동이다. 피겨 스케이트 선수가 3회전, 4회전 점프 같은 고난도 기술을 실수 없이 완벽하게 수행하기 위해서 끊임없이 반복 연습하는 것처럼 대치동도 고난도 문제를 무한 반복시킨다. 옳고 그름의 문제가 아니라 이곳의 문화가 그렇다. 수학 테스트에서 실수하는 원인은 연습 부족이므로 실수하지 않는 경지에 오르기 위해서는 1만 시간 이상의 연습이 필요하다는 논리가 대치동 바닥에 깔려 있다.[*]

1분 단축을 위한 10년 투자, 양치기 전략

고등학교 수학 문제는 모의고사라는 산꼭대기에서 매년 수백 개씩 3월, 6월, 9월, 11월이라는 강을 따라 흘러내려온다. 익숙한 유형들이 대부분이기는 하지만 그래도 새로운 관점과 접근법을 요구하는 문제들이 꽤 섞여 있다. 이런 신유형은 기존의 방식대로 풀면 실패하도록 코스를 짜 놓았기 때문에 시행착오를 겪을 수밖에 없다. 한 문제를 풀더라도 실제로는 여러 문제를 푸는 시간이 걸린다는 뜻이다.

모의고사와 수능은 100분 동안 30문제를 푼다. 일반적으로 쉬운 20문제를 20분 정도에 풀고 나머지 10문제를 80분 동안 푼다.

---

[*] 말콤 글래드웰의 저서인 『아웃라이어』(김영사, 2019)에서 소개된 '1만 시간의 법칙'을 인용한 것이다. 이 책에서 저자는 어느 분야의 대가가 되기 위해서는 적어도 1만 시간의 연습이 필요하다는 것을 여러 사례를 들어 주장하고 있다.

최상위권은 25문제 정도를 25분에 풀고 나머지 5문제를 75분 동안 푼다. 즉 신유형은 한 번 도전에 대략 5분 정도가 소요되므로 문제당 두세 번의 시행착오가 허용되는 문제 구성이다. 극악한 난이도의 킬러 문항은 논외로 한다.*

하지만 내신 시험은 50분 동안 20문제를 풀어야 한다. 교과서에서만 문제를 내는 학교를 제외하면 일반적으로 쉬운 10문제를 10분 안에 풀고 나머지 어려운 10문제를 40분 동안 풀게 된다. 단 한 번의 시행착오 없이 풀어도 산술적으로 시간이 모자란다.

그래서 대치동은 모든 신유형을 미리 풀어보는 전략을 선택했다. 그것도 한두 번 푸는 것이 아니라 N회독해서 장기기억에 저장되도록 한다. 여기서 N은 학생마다 다르지만 대략 5에서 10정도 된다. 이때 고등수학 문제집의 대표적인 코스는 『수학의 정석』→『쎈』→『고쟁이』→『블랙라벨』'과 『마플 교과서』→『마플 시너지』→『자이스토리』→『블랙라벨』' 정도다. 미리 이렇게 공부한 뒤 학교에 입학하고, 이후 다니는 학교의 부교재나 프린트물에 맞춰 집중학습하는 식이다. 중학수학 문제집은 『쎈』(유형서)과 『일품』(준심화서), 『에이급』과 『블랙라벨』(심화서) 정도로 굳어진 듯하다.

---

* 현직 교사로 구성된 검토위원 전원이 오답을 낸 킬러 문항이 수능에 출제되기도 했다. 최근 수능에는 시간이 오래 걸리는 킬러 문항 대신 관점이 신선한 문제가 출제되고 있다.

대치동이 수학 학습법으로 N회독을 반복하는 '양치기 전략'을 선택하는 순간 고등수학을 공부하는 시점이 초등학교 고학년으로 내려올 수밖에 없다. 고등 1학년 과정과 2학년 과정을 앞서 말한 코스로 N회독 하는 데 적어도 2년씩 걸리기 때문에 초등 5학년까지 중학 과정을 끝내고 초등 6학년부터 고등수학을 시작한다. 5학년까지 중학 과정을 끝내려면 적어도 4학년 때부터 중학 수학을 시작해야 하므로 영어와 국어 공부의 시작점이 점점 빨라질 수밖에 없다. 4세·7세 고시와 연결되는 대목이다. 결국 대치동의 공부 시스템은 '수학 공부를 위한 포석'이라 할 수 있다.

하지만 대치동의 양치기 전략은 내신 경쟁을 더 치열하게 만들고 있다. 다른 지역 기준으로는 이미 최상위권인데도 단지 몇 분 더 빨리 풀기 위해서 엄청난 시간을 투자하는 것이 개인의 전략으로서는 옳을지 몰라도, 사회 전체적인 차원에서는 시간과 자원의 낭비로 보이는 지점이 있다. [표 3-2]는 2023학년도 전국 17개 시도별 수능 수학 1등급 비율을 비교한 것이다. 서울의 수능 수학 1등급 비율이 다른 지역보다 2배에서 6배까지 높지만, 나에게는 가성비가 그렇게 좋아 보이지 않는다.*

---

* 대치동은 따로 통계에 잡히지 않았지만 1등급 비율이 대략 10~15퍼센트쯤 될 것으로 짐작된다.

번호	시도	수능 수학 1등급 비율
1	서울	6.2
2	대구	3.5
3	대전	3.4
4	경기	3.4
5	세종	3.2
6	광주	2.8
7	부산	2.6
8	울산	2.6
9	충남	2.6
10	전북	2.5
11	제주	2.2
12	인천	2.0
13	경북	1.7
14	경남	1.4
15	강원	1.2
16	전남	1.2
17	충북	1.1

[표 3-2] 전국 17개 시도별 수능 수학 1등급 비율

※ 2023학년도 수능 결과발표(평가원) 기준 지역 내 고3 응시 학생 수 대비 비율

대치동 유학생의
진짜 현실

대치동 학원에는 반드시 대치동에 거주하는 학생만 다니는 것이 아니다. 오히려 대치동에 살지 않는 학원생이 훨씬 많다. 이 때문에 쓰이게 된 용어가 '라이딩'이다. 본래 자전거나 오토바이 등 탈것을 타는 행위를 이르는 말인데, 대치동에서는 주로 비 대치동 지역에 사는 학부모가 차량으로 아이들을 대치동 학원에 통원시키는 행위를 일컫는다.

다른 지역에서 대치동을 찾는 학생들은 단순히 공부를 잘하기 위해서 오는 것이 아니다. 학업에 못지않게 심리적인 이유도 크다. 자신의 현재 수준에 대한 의심, 대치동 분위기에 대한 동경, 성공에 대한 절박함 등이 이들을 대치동으로 유인한다.

하지만 대치동 유학생의 현실은 녹록지 않다. 처음 경험하는 대치동의 경쟁적 분위기가 일부에게는 긍정적 자극제가 되지만, 학생들 대부분은 끊임없는 남과의 비교 속에서 극심한 불안감과 스트레스에 노출된다. 대치동 유학에 드는 막대한 비용도 학생들에게 엄청난 심리적 압박을 준다. 이는 반드시 성공해야 한다는 강박으로 이어져 학업 스트레스를 가중시키는 요인이 되기도 한다.

대치동 유학생의 심리와 유형

조장훈은 저서 『대치동: 학벌주의와 부동산 신화가 만나는 곳』(사계절, 2021)에서 대치동에서 거주하거나 일시적으로 머무는 사람들을 거주지와 거주 형태에 따라 네 가지 형태로 분류했다.* 그런데 이 같은 분석 못지않게 중요한 것이 대치동 유학생의 심리와 유형을 이해하는 것이다. 대치동 유학생의 심리와 유형을 이해하는 것은 이들을 지도하는 학원이나 교육 관계자뿐만 아니라 대치

---

* ① 대원족: 대치동 원주민을 의미한다. 아버지는 전문직과 고소득층, 어머니는 전업주부인 경우가 많다.
② 대전족: 자녀 교육을 위해 대치동이나 근처에 전세로 사는 가족이다. 누적된 경험이나 계급적 네트워크 없이 자녀 교육에 올인한다.
③ 원정족: 비강남과 지방에서 주말마다 대치동으로 오는 가족이다. 아이가 학원에 있는 동안 부모는 카페 등에서 대기하곤 한다.
④ 연어족: 대원족의 자녀 세대로 결혼 후 다시 대치동에 입성하는 경우다. 교수, 대기업 임원, 고위 공무원 직종이 많고 대치동의 힘과 네트워크를 신봉한다.

동 유학을 고려하는 학생과 학부모에게도 매우 중요하다.

대치동 유학생은 크게 다음과 같이 네 가지 유형으로 분류할 수 있다.

① 단기 집중 순례자형

방학 등 특정 기간을 이용해 대치동에 단기 체류하며, 부족한 과목이나 특정 입시 기술을 집중적으로 습득하려는 학생이다. 이들의 목표는 명확하다. 스타 강사의 현장 강의를 통해 집중력을 끌어올리고 고난도 킬러 문항 해결법 등 지역에서는 얻기 힘든 문제 풀이 노하우를 단기간에 흡수하는 것이다. 이 유형은 지방 학생들 사이에서 가장 보편적인 형태로, 이들은 대치동을 공부로 성공하기 위해서 반드시 들러야 하는 순례지로 여긴다.

② 장기 체류 정착형

단기 체류를 넘어 학기 중에도 대치동에 거주하며 대치동 시스템에 완전히 편입되는 경우다. 주로 부모 중 한 명과 함께 원룸이나 오피스텔을 얻어 생활한다. 이 학생들은 외부인이 아니라 대치동 생태계의 구성원으로 살아간다. 따라서 일상적인 경쟁과 성적 스트레스, 그리고 잠재적인 번아웃의 위험에 상시로 노출된다. 이들은 주로 자신의 의지보다는 부모의 판단과 결정에 따라 대치동으로 이동하는 경우가 많기 때문에 친구 관계나 가족과의 분리에서 오는 외로움이나 소외감도 적지 않다. 부모의 높은 기대와 경제적 투자에 대한 압박감, 그리고 그에 부응해야 한다는 부담감을 크게 느낄 수밖에 없다.

③ 주말 통학 이중생활형

수도권 신도시나 충청권 등 비교적 가까운 지역에 거주하며 주말이나 주중 특정 요일을 이용해 대치동으로 통학한다. 이들은 수학과 같은 핵심 과목이나 최상위권 대상의 강의를 '핀셋'처럼 수강하기 위해 대치동을 찾는다. 대치동의 핵심 자원을 최소한의 비용으로 활용하려는 가장 전략적인 유형이라고 볼 수 있다. 이들은 평일에는 지역 학교의 학생으로, 주말에는 대치동의 경쟁자로 살아가는 이중생활을 한다. 따라서 원거리 통학으로 인한 물리적인 피로뿐만 아니라 두 개의 다른 교육 문화 사이에서 정체성의 혼란을 겪을 수 있다.

④ 정보 격차 해소형

지방에서는 얻기 힘든 최신 입시 트렌드, 학생부종합전형 대비 전략, 심층 면접 정보 등에 대한 갈증을 해소하기 위해서 대치동을 찾는다. 대치동 이외의 지역에서도 면접과 논술 대비 학원이 있지만, 특정 대학의 특정 학과만을 전문적으로 수업하는 학원은 대치동밖에 없다. 이런 특수한 학원조차 대치동에서는 여럿이 경쟁한다.

대치동의 교육 생태계는 그 어느 지역보다도 빠르게 돌아가며, 이곳에 진입하기 위해 넘어서야 할 장벽 또한 매우 높다. 우여곡절 끝에 진입했다고 해도 안심할 수 없다. 앞서 설명한 어느 유형이든 관계없이 대치동 유학생들의 처지는 빠르게 튕기며 도는 '디스코팡팡'에 올라탄 것이나 마찬가지다. 대치동의 속도와 충격을 견디지 못하면 언제든 시스템에서 튕겨 나가 낙오될 수 있다. 이것이 대치동 유학생이 처한 '진짜 현실'이다.

CHAPTER 4

대치동 경제학: 한정된 자원을 이용한 최선의 선택

자본주의 맛집,
대치동

"우리 아이는 자본주의의 맛을 너무 잘 알아서, 알아서 공부합니다!"

몇 해 전 아이를 데리고 온 어느 학부형이 나와의 상담 도중에 무심코 내뱉은 말이다. 아이폰, 아이패드, 맥북, 헤드셋 등으로 풀 장착한 그 학생은 특목고에서 전교 1~2등을 다투고 있었다. 학원이나 과외가 필요하면 맡겨놓은 짐을 찾듯이 부모에게 거침없이 요구한다고 했다. 성공하여 자본주의의 참맛을 마음껏 누리고 사는 게 인생 목표라던 이 학생은 연세대 경영학과에 입학했다.

돈보다 비싼 대치동 솔루션

피지컬 코치인 팀 그로버Tim Grover는 저서 『멘탈리티』(푸른숲, 2022)*에서 자신의 첫 고객이었던 마이클 조던Michael Jeffrey Jordan이 엄청난 계약금을 주는 대가로 한 가지 조건을 요구했다고 고백했다. 그 조건은 자신이 허락할 때까지 다른 NBA 선수의 코칭을 맡지 않는 것이었다. 마이클 조던에게 팀 그로버는 큰돈을 주고서라도 반드시 독점하고 싶은 맛집이었던 것이다. 팀 그로버는 나중에 드웨인 웨이드Dwyane Tyrone Wade, 코비 브라이언트Kobe Bryant 등 다수의 NBA 슈퍼스타들을 코칭했다.

대치동은 마이클 조던처럼 소기의 목적, 이를테면 '자식의 성공'을 위해서 기꺼이 큰돈을 지불할 의향이 있는 사람이 모이는 시장이다. 대치동에서는 솔루션의 가치가 돈의 가치보다 우선한다. 운이 좋아 솔루션을 많은 이들에게 팔 수 있다면 큰돈을 벌 수 있고, 가까스로 마감 시간 전에 한두 사람에게만 팔아도 운영해나갈 수 있다. 필요하기만 하다면 해당 솔루션을 비싸게 사주는 사람이 있기 때문이다.

---

* 피지컬 코치가 쓴 책의 제목이 '멘탈리티'라는 것에 주목하자. 강력한 피지컬을 만드는 것은 결국 멘탈이라는 메시지가 책에 빼곡하게 쓰여 있다.

대치동은 자본주의의 암적인 존재일까

대치동 시장에서는 돈으로 살 수 없을 것 같은 품목도 거래된다. 한때 대치동은 학생부종합전형의 스펙을 거래하는 전시장이었다. 온갖 스펙이 거래됐고, 논문 대필은 수백만 원을 호가하기도 했다.[*]

대치동은 학원비 상한제의 암시장 역할도 했다. 정부는 학원비를 분 단위로 쪼개서 가격 상한선을 정해놓았다. 대략 분당 200원쯤 된다. 그러자 대치동은 가격상한제의 우회로를 찾았고, 이 방법은 이제 다른 지역에서도 사용되고 있다. 자본주의 시장에서 가격을 통제하면 반드시 부작용을 낳는다. 길이 없으면 자본주의는 반드시 길을 찾아낸다. 하지만 그곳에 정의와 도덕은 없다.

그렇다면 대치동을 '돈이면 모든 것이 거래되는 실패한 자본주의의 표상'이라거나, '대한민국 교육의 악의 축'으로 몰아 배제시켜야 할까?

국가를 구성하는 거의 모든 분야에는 공적 영역과 사적 영역이 공존한다. 경제와 사회문화 전체의 수준은 공적 영역의 디폴트 수준을 따라간다. 북유럽 국가의 디폴트 수준은 매우 높은 편이지만, 그렇게 부러워하기만 할 일은 아니다. 디폴트 수준이 높

---

[*] 이현, '학종의 거짓말', 「오마이뉴스」 참조.

다는 것은 대체적으로 세금을 많이 낸다는 것과 크게 다르지 않기 때문이다. 우리나라의 건강보험 역시 디폴트 수준이 높은 편이지만, 여전히 많은 이들이 암보험 등 사보험에 기대고 있다. 이 지점에서 나는 사적 영역은 개인의 리스크 인식과 관리 수준을 따라간다고 판단한다. 즉 사교육은 위험에 빠질 확률을 줄이려는 개인의 전략적 선택과 투자라는 것이다.

우리나라는 세계적으로 유례를 찾아보기 어려울 정도로 빠르게 초고령 사회에 진입했다. 그러나 개인의 노후를 책임져야 하는 공적 영역의 디폴트 수준은 처참하다. 정부와 교육 당국이 어떤 극단적인 대책을 세워도 사교육비가 미친 듯이 상승하는 이유는, 앞으로 닥칠 위기를 국가보다 개인이 더 크게 감지하고 있기 때문이다.

작금의 사교육 문제는 단지 배제하거나 죽여야 하는 대상이 아니라 일종의 시그널로 보아야 한다. 사교육 자체가 문제인 것이 아니라, 사교육 문제를 유발하는 경제와 정책의 문제를 들여다보아야 한다는 의미다. 해석을 잘못하면 오답을 찍을 수밖에 없다.

이처럼 대치동에서 벌어지는 여러 가지 현상은 자본주의라는 눈으로 살펴보면 매우 설득력 있게 해석해볼 수 있다. 또 이제는 대치동이 아닌 다른 지역에서도 대치동에서 일어나는 것과 비슷한 현상들이 발생하고 있다는 점에서, 이 현상을 조금 더 깊이 분석하고 이야기해야 할 필요가 생겼다. 그래서 이 장에서는 대치동을 표본으로 삼아 이곳에서 일어나는 현상들을 자본주의와 경제학적인 관점에서 이야기해볼 것이다.

마태 효과와
조삼모사

중국 송나라 시대에 저공狙公이라는 사람이 원숭이들을 키우고 있었다. 식량으로 도토리를 주었는데, 원숭이들이 늘어나자 도토리가 부족해졌다. 그래서 저공은 원숭이들에게 "앞으로 도토리는 아침에 세 개, 저녁에 네 개 주겠다."라고 말했다. 원숭이들이 마구 반발하자, 저공은 "그러면 아침에 네 개, 저녁에 세 개 주겠다."라고 말했다. 원숭이들은 뛸 듯이 기뻐했다.

이 이야기는 사자성어인 조삼모사朝三暮四의 유래다. 아침에 세 개를 주고 저녁에 네 개를 주든, 아침에 네 개를 주고 저녁에 세 개를 주든 도토리의 수는 모두 일곱 개로 차이가 없다. 그래서 조삼모사는 원숭이처럼 어리석은 사람을 가리키는 말로 사용된다.

조삼모사의 역설

하지만 경제학적으로 살펴보면 원숭이의 선택은 결코 어리석지 않다. 도토리를 돈이라고 가정하면, 더 일찍 들어온 더 큰 돈은 더 많은 이자로 돌아올 수 있다. 또 저공이 저녁에 네 개를 주겠다고 한 약속을 지키지 않을 가능성도 있으니 아침에 더 많은 도토리를 받아두는 것이 이득이기도 하다. '3+4'와 '4+3'은 등식이 성립하지만, 이처럼 수학이라는 울타리를 벗어나면 등식이 성립하지 않는 경우가 더 많다.

마찬가지로 투자하는 돈과 에너지의 총량이 같더라도 초기에 더 많이 투자하는 것이 차후 더 큰 성공의 열쇠가 되는 시스템들이 있다. 이런 경우에는 초기 투자를 아끼지 말아야 한다.

말콤 글래드웰은 저서 『아웃라이어』에서 캐나다 아이스하키 선수들 가운데 1월에 태어난 선수들이 압도적으로 많은 현상에 관해 설명했다. 캐나다의 유소년 아이스하키 리그에서는 1월 1일을 기준으로 나이를 계산한다. 즉 어느 해의 1월 1일에 태어난 아이와 12월 31일에 태어난 아이는 같은 나이로 취급되고, 같은 팀에서 훈련하게 된다. 어린 시절의 몇 달 차이는 신체적 발달에 큰 영향을 미친다. 1월에 태어난 아이는 12월에 태어난 아이보다 신체적으로 우월하고, 더 뛰어난 역량을 보여 상위 리그로 올라가기도 수월해진다. 앞서 언급했던 것처럼 캐나다의 아이스하키는 유소년부 시기부터 경쟁이 매우 치열하다. 학년이 바뀔 때마다 좋은 활약을 펼친 소수의 아이들만 상위 리그로 진출한다. 상위 리그의 아이들은 하위 리그 아이들보다 아이스하키를 훨씬 더 체계적으로 배우며, 시간과 에너지도 더 많이 투자한다. 상위 리그 아이들은 그렇게 아이스하키 국가대표 선수로 길러진다.

대치동은 캐나다 유소년 아이스하키 리그와 거의 비슷한 구조를 가지고 있다. 초등학생을 대상으로 하는 유명 학원들은 입학테스트를 통해 실력 있는 아이들을 선발한다. 이렇게 선발된 아이들은 강도 높은 훈련을 받으면서 '공부 선출'로 성장한다. 학년마다 연결되는 로드맵상의 학원에 계속해서 선수로 선발되면 최종적으로 의대나 명문대라는 최상위 리그로 진출하게 된다. 반대로 어릴 때 상위 리그에 뽑히지 못하면 계속해서 하위 리그에 머물게 된다.

무릇 있는 자는 받아 풍족하게 되고 없는 자는 그 있는 것까지 빼앗기리라.

마태복음 25장 29절이다. 미국의 사회학자 로버트 머턴^{Robert K.} ^{Merton}은 이미 성공한 사람이나 집단이 더 많은 기회를 얻어 더욱 성공하고, 그렇지 못한 사람은 더욱 어려움을 겪는 현상을 이 구절을 따와 '마태 효과Matthew Effect'라고 명명했다. 이처럼 남들보다 일찍 공부나 운동을 시작한 학생들이 나중에 그렇지 않은 학생들보다 더 뛰어난 성과를 올렸다는 연구들이 꽤 있다. 영어유치원이 시작된 이유고, 학습을 시작하는 나이가 점점 더 어려지는 이유다. 운은 대부분 평균으로 회귀하지만, 초기 성공이 향후 성공을 담보하는 시스템에서는 초기 성공에 운이 아니라 전략을 걸어야 한다. 대치동은 분명히 그렇게 하고 있다.

대치동 학원의
포지셔닝 전쟁

포지셔닝Positioning이란 소비자의 마음속에 브랜드를 효과적으로 위치시키는 전략을 말한다. 단순히 제품이나 서비스의 특징을 알리는 것이 아니라, 소비자의 마음속에 특정 '단어'를 각인시키는 마케팅의 일종이다. 예를 들어 벤츠는 '성공', BMW는 '운전하는 맛', 볼보는 '안전', 도요타는 '품질' 등의 단어를 잡고 있다.

알 리스와 잭 트라우트Alfred Paul Ries & John Francis "Jack" Trout는 저서 『포지셔닝』(을유문화사, 2021)에서 "제품이나 서비스의 싸움보다 '인식'의 싸움에서 이기는 것이 더 중요하다."라고 말했다. 대치동은 2,000여 개의 학원이 잠재 고객인 학생과 학부모의 머릿속에서 특정한 인식 영역을 선점하기 위해 치열하게 다투는 '포지셔닝의 전쟁터'다. 여기서는 특히 초등수학시장의 포지셔닝을 살펴볼 것이다.

포지셔닝의 네 가지 기본 전략

포지셔닝의 선택은 전적으로 시장에서의 현재 위치에 따라 결정된다. 알 리스와 잭 트라우트는 시장에서의 위치에 따라 네 가지의 기본 전략을 제시했다.

① 방어전

시장 선도자를 위한 전략이다. 이들의 유일한 목표는 1위 자리를 지키는 것이다. 경쟁자의 강력한 공격을 차단하며 시장의 기준점이라는 지위를 공고히 해야 한다.

② 공격전

2, 3위 도전자를 위한 전략이다. 1위의 강점 속에 숨어있는 약점을 찾아내 집중 공격해야 한다. 이때 결코 1위를 모방해서는 안 되며, 명확한 대안을 제시해야 한다.

③ 측면 공격전

새로운 전선을 창출하는 전략이다. 경쟁이 없는 새로운 영역으로 진입하여 자신만의 시장을 창출하는 것이다. 1위와의 소모적인 정면 대결을 피하고, 새로운 사다리를 만들어 그곳의 선도자가 되는 것이 목표다.

④ 게릴라전

니치 플레이어를 위한 전략이다. 자신이 충분히 방어할 수 있을 만한 작은 시장을 찾아야 한다. 목표는 '작은 연못의 큰 물고기'가 되는 것이다.

그리고 소비자의 인식 속에 자리하는 대치동 초등수학학원의 카테고리는 대략 세 가지 사다리로 분류할 수 있다.

첫째는 '극한의 몰입과 자기주도 사다리'다. 이 사다리는 진정한 수학 실력이란 어렵고 깊이 있는 문제와의 고독한 싸움을 통해 길러진다고 믿는 학부모들을 위한 것이다. 이들이 추구하는 핵심 가치는 소위 '엉덩이 힘'과 '문제 집착력'이다.

둘째는 '체계적 시스템과 방대한 학습량 사다리'다. 이 사다리는 잘 짜인 로드맵, 구조화된 커리큘럼, 그리고 압도적인 학습량을 통한 성공을 믿는 학부모들을 위한 것이다. 이들은 양치기, 주기적인 테스트, 그리고 빈틈없는 관리를 제공하는 강력한 시스템을 선호한다.

셋째는 '개별 맞춤과 학습 결손 보완 사다리'다. 이 사다리는 대형 시스템의 빠른 속도에 적응하지 못했거나, 학습에 구멍이 생긴 자녀를 둔 학부모들을 위한 것이다. 이들은 빠른 진도보다는 개인별 맞춤 진도, 학습 결손 보완(다지기), 그리고 세심하고 밀착된 관리를 가장 중요한 가치로 여긴다.

이번에는 이러한 구분에 따라 대표적인 대치동 초등수학학원들의 위치와 전략을 살펴보자.

① 방어전: 생각하는황소

대치동 초등수학 시장의 절대적인 리더다. 이들은 '최상위권 학생의 극한 몰입'이라는 견고한 성채 위에서 방어전을 펼치고 있다. 다른 학원을 공격할 필요 없이, 스스로가 시장의 기준이 되어 다른 모든 학원들이 자신과 비교하게 만든다.

② 공격전: 깊은생각

생각하는황소에 맞서는 도전자인 '깊은생각'은 1위의 약점인 '관리 시스템의 부재'를 공격하며, '체계적인 관리와 고등학교까지 이어지는 시스템'이라는 대안을 제시하는 공격적 포지셔닝을 구사한다. 생각하는황소는 소수의 타고난 영재가 고독한 싸움을 통해 성장하는 곳이라면, 깊은생각은 잘 짜인 시스템과 압도적인 학습량, 치열한 경쟁을 통해 최상위권 학생을 '만들어내는' 곳이다. 학부모 후기 역시 내신 대비 효과와 반복 학습을 통한 실력 향상에 긍정적인 평가를 내리고 있다. 깊은생각은 생각하는황소의 시스템에 불안감을 느끼거나, 보다 예측 가능하고 안정적인 성공 경로를 원하는 학부모들에게 강력한 대안으로 작용한다.

③ 측면 공격전: 파인만학원

'파인만학원'은 과학과 수학을 결합하여 '영재교·과학고 입시 전문'이라는 새로운 카테고리를 창출했다. 이곳은 학원의 이름부터 1965년에 노벨 물리학상을 수상한 미국의 이론 물리학자 리처드 파인만Richard P. Feynman을 연상시켜 '엘리트 과학 및 깊이 있는 수학적 사고'라는 이미지를 떠올리게 만든다. 소비자의 인식 속에 '수학+과학 통합'이라는 새로운 사다리를 만들어내는 좋은 이름이다. 영재교와 과학고 합격 실적을 적극적으로 홍보하는 것 역시 자신들이 창출한 시장에서의 리더십을 증명하고 포지션을 강화하는 핵심 활동이다.

④ 게릴라전: 블루스카이 & 짱솔

'블루스카이'와 '짱솔'은 '개별 맞춤'과 '학습 다지기'라는 니치 시장을 점유하고, 그 안에서 절대 강자로 군림하며 성공적으로 생존하고 있다. 블루스카이는 '학습 수선 전문가로서 스스로 공부하는 힘을 키워준다.'라는 철학 아래 철저한 1:1 개별 맞춤 진도 시스템을 운영한다. 진도는 의도적으로 느리고 꼼꼼하게 진행되며, 이는 속도를 강조하는 리더들과의 명확한 차별점이다. 블루스카이가 판매하는 것은 속도가 아니라 '완벽한 수선'과 '기초의 견고함'이다. '짱솔'의 전략은 거대한 상어들이 우글거리는 바다에서 '작고 안전한 피난처'가 되는 것이다. 3시간 내내 담임 선생님이 밀착 관리하는 '올케어·풀케어 시스템'은 이러한 약속을 구체적으로 뒷받침한다.

블루스카이에게 성공은 '완벽하게 메워진 개념의 구멍'이며, 짱솔에게 성공은 '자신감을 회복한 학생'이다. 이는 게릴라 전략의 정수다. 리더의 규칙으로 싸우지 않고, 자신이 이길 수 있는 작은 전쟁터를 만들어 그곳을 지배하는 것이다.

사실 포지셔닝의 본질은 경쟁이 아니라 '경쟁하지 않는 것'이다. 성공적인 포지셔닝은 보편적으로 더 나아서가 아니라 특정 소비자에게 더 필요하기에 효과적이다. 어떤 존재를 대체하는 것은 '더 나은 것'이 아니라 '다른 가치를 주는 것'이다.

모두를 위한 포지셔닝은 누구를 위한 포지셔닝도 되지 못한다.

'모두'라는 말은 시간과 시스템, 전략을 이해하지 않으려는 태도와 막연한 기대의 줄임말일 뿐이다.

히든 챔피언: 강소학원의 생존전략

독일의 경영학자 헤르만 지몬Hermann Simon은 저서『히든 챔피언』(흐름출판, 2008)에서 '히든 챔피언'이라는 개념을 제시했다. 이는 특정 분야에서 세계 시장을 지배하는 작지만 강한 기업, 즉 '강소기업'을 의미한다. 그럼에도 일반 대중에게는 널리 알려지지 않았기 때문에 '히든'이라는 명칭이 붙었다.

한국에도 히든 챔피언인 강소기업들이 있다. '케어센스CareSens'라는 브랜드를 보유한 아이센스는 국내 혈당측정기 시장 부동의 1위이며, 전 세계 110여 개국에 제품을 수출하고 있다. '로케트 배터리'라는 브랜드로 친숙한 세방전지는 대한민국 1위, 세계 10위권의 축전지 전문 제조 기업이다. 1952년 설립 이래 70년 이상 오직 축전지 개발 및 생산이라는 한 우물만 파왔으며, 현재 전 세계 130여 개국에 제품을 수출하고 있다. 또 HJC는 오토바이 헬멧 분야에서 2001년부터 현재까지 부동의 세계 시장 점유율 1위를 지키고 있다.

히든 챔피언의 필수 요소: 전문화

히든 챔피언이 되고자 한다면 넓은 바다에서 평범한 물고기가 되기보다는 시장을 좁게 정의하고 작은 연못에서 확실한 지배자가 되는 것이 중요하다. 또한 독점적 지적 자산, 즉 IP에 대한 투자가 필수적이다.

세계 시장을 지배하는 것은 아니지만, 대치동 학원가 안에서도 작고 강한 몇몇 학원들이 한 축을 담당하고 있다. 이들은 좁은 영역에 집중하며 소규모로 운영되고, 홍보나 광고보다는 입소문에 의존하여 명성을 쌓는다. 말하자면 교육계의 '부티크'라 할 수 있다. 지금은 대치동을 석권한 시대인재도 초창기에는 이과 최상위권 학생들에게 '과학탐구 II' 과목을 교습하면서 명확한 니치를 완벽하게 장악하는 히든 챔피언 전략을 통해 크게 성장했다.

대치동은 필연적으로 히든 챔피언을 키우는 구조가 내재된 곳이다. 극심한 경쟁 상황에서 소비자들은 어중간한 토털 솔루션보다는, 비용을 더 투자하더라도 과목별로 최고의 전문가를 선택해 특정 파트나 특정 유형에서의 약점을 보완하는 포트폴리오를 구성하기 때문이다. 이러한 시장에서 대치동 학원들은 생존하고 성장하기 위해 전문화를 선택하게 된다.

강소학원의 생존 전략

대치동의 대형학원과 강소학원은 공생 관계를 형성하기도 한다. 대형학원들이 대규모 마케팅과 여론전으로 전국의 학생들을 대치동으로 끌어들이면 강소학원들은 그들을 대상으로 대형학원이 제공할 수 없는 깊이와 맞춤 관리를 제공한다. 학생들은 유명 강사의 대형 강의를 들으면서 동시에 약점을 보완하기 위해 강소학원의 소수 정예 클리닉 수업을 병행하는 경우가 많다. 크게 홍보에 투자하지 않아도 최상위권을 목표로 하거나 지역에서는 해결하지 못했던 약점을 극복하려는 전국의 학생들이 스스로 찾아오기 때문에, 강소학원은 대치동의 비싼 임대료를 감당하면서도 생존 및 성장을 도모하기에 충분한 이익을 기대할 수 있다.

대치동의 사탐 명가로 불리는 '세진사탐전문학원'은 사회탐구한 분야에 집중하는 전문가 집단이다. 전국 유일의 사탐전문학원으로 히든 챔피언의 전형이다. 원장이 모든 학생을 1대1로 클리닉하고 학생 개개인의 진도와 학습 수준을 점검하여 맞춤 피드백을 제공한다. 강소학원의 모범 답안이라 할 수 있다.

‘이루리학원’은 과학탐구 분야의 대표적인 전문 학원으로, 과학 과목에서는 찾아보기 어려운 개별 맞춤 수업을 실시한다. 통합과학부터 물리, 화학, 생명, 지구과학의 Ⅰ, Ⅱ 과목까지 모든 과목이 대상이다. 교과 담당 강사와 컨설턴트, 상담실장 등 3명이 1명의 학생을 포위하듯 담당하는데, 자체 개발한 학습 진단 도구와 과학 맞춤 설문으로 학생의 실력뿐만 아니라 학습 성향도 파악하여 개인별로 8주 학습 로드맵을 짜서 철저하게 관리한다.

　세진사탐전문학원과 이루리학원은 각자 전문 분야로 히든 챔피언 자리에 올랐지만, 현재 두 학원의 행보는 완전히 다르다. 세진 쪽은 여전히 사탐에 집중하고 있고, 이루리 쪽은 종합학원으로 영역을 넓혔다. 마치 시대인재의 뒤를 따르려는 것처럼 보인다. 시대인재는 성공했지만, 일반적으로 강소기업이 전선을 넓히면 위기에 빠진다. 이루리학원의 미래를 눈여겨보게 되는 이유다.

슈퍼스타의 경제학:
일타 강사의 자격

많은 경제학자들이 대량 생산과 대량 소비의 시대가 가면 소비자들의 다양한 요구에 맞춰 다품종 소량 생산 시대가 올 것이라 예측했다. 그러나 일본의 경제학자 오마에 겐이치Omae Kenichi는 저서『슈퍼스타의 경제학』(더난출판사, 2000)에서 다가올 시대는 다품종 소량 생산 시대가 아니라 '팔리는 것만 팔리는 1인 승리 경제 시대'가 올 것이라고 말했다. 여러 기업이 저마다 다양한 제품을 생산하는 것이 아니라 슈퍼스타인 기업 하나가 전체 시장을 장악할 것이라는 의미다. 그의 예측이 증명되고 있는 시장 가운데 하나가 바로 대치동이다.

슈퍼스타가 탄생하기 위한 조건

슈퍼스타 기업이 탄생하기 위해서는 대규모 시장이 필요하다. 즉 많은 소비자가 해당 제품이나 서비스를 소비할 수 있어야 한다. 그래서 슈퍼스타가 탄생하기 쉬운 영역은 영화나 음악 산업처럼 대중적인 소비가 이루어지는 시장이다.

인터넷 강의 업계에도 슈퍼스타가 존재한다. 이는 온라인을 통해 전국 단위의 대규모 시장이 형성되어 있기 때문이다. 이 업계에서는 한 명의 강사가 수십만 명의 수강생을 보유하는 것도 가능하다. 대표적인 스타 강사가 현우진(수학)이나 이지영(사탐) 같은 이들이다.

반면에 오프라인에서는 동시에 보유할 수 있는 수강생에 한계가 있다. 대략 1,000여 명 정도가 상한선인데, 그래서 대치동에는 '1,000명 강사'라는 용어가 쓰인다. 200명 정원 강의를 다섯 개 이상 진행하는 강사라는 뜻이다. 강의 다섯 개를 완판하려면 수강생이 몰리는 주말 오전·오후·저녁 시간대를 모두 뛰어야 한다. 대치동의 전체 강사 수는 약 3,000명인데, 그 가운데 '1,000명 강사'의 수는 수십 명에 불과하다.

경제학에는 '전환비용Swiching Cost'이라는 개념이 있다. 제품이나 서비스를 갈아탈 때 발생하는 비용이나 불편함을 의미한다. 대치동의 오프라인 강의는 인터넷 강의와 달리 정보 탐색이 쉽지 않고 전환비용이 크게 발생한다. 대치동 시스템에 처음 진입하는 학생이나 학부모가 어떤 강사를 선택해야 할지 고민이 깊어지는 이유다. 이때 가장 안전하고 합리적인 선택은 이미 많은 이들이 선택하여 검증된 일타 강사를 선택하는 것이다. 이러한 선택은 '선배나 친구의 추천' 같은 사회적 증거Peer Review에 의해 더욱 강화된다. 인기가 인기를 낳고 명성이 명성을 부르면서 일타 강사의 지위는 날이 갈수록 공고해진다. 그래서 빼어난 실력을 가진 신규 강사라도 기존의 일타 강사를 대체하는 것은 거의 불가능에 가깝다.

다시 말하면 일타 강사 현상은 그저 '가장 잘 가르치는 강사가 성공하는' 이야기가 아니라 '정보 네트워크상에서 가장 많이 연결된 노드Node가 되는 과정'에 관한 이야기다. 일타 강사의 지배력은 그들의 초기 성공을 지렛대 삼아 노드의 연결을 기하급수적으로 증폭시킨 네트워크 효과의 결과물이다. 대치동에서 슈퍼스타가 되는 데는 개인의 자질이나 특성보다 네트워크 효과가 더 중요하다. 실제로 대형학원이나 인강업체 스카우터들은 강사의 객관적인 실력을 평가하지 않는다. 그들에게 있어서 중요한 것은 네트워크를 증폭시킬 만한 강사의 '매력'을 알아보는 안목이다. 연예기획사와 비슷하다 하겠다.

초기 성공은 특정 소비자들이 같은 카테고리 내의 제품이나 서비스의 미세한 차이를 구별하고 그 가치를 알아볼 능력이 있는가에 달려 있다. 아무리 좋은 제품이나 서비스라도 그것을 알아볼 소비자가 없다면 시장에 진입조차 할 수 없기 때문이다. 하지만 초기 성공은 슈퍼스타의 필요조건이지 충분조건은 아니다. 이 정보가 광대한 네트워크를 타고 흘러야 비로소 슈퍼스타의 자리에 오를 수 있다. 안성재 셰프가 좋은 사례다. 그는 파인다이닝 업계 내에서는 미슐랭 3스타 등급을 받은 것으로 유명했지만 대중적으로 인지도가 있지는 않았다. 그가 슈퍼스타로 성장한 것은 넷플릭스 프로그램 〈흑백요리사〉에 출연하면서 대중들과 접점을 무수히 넓혀가면서부터였다.

가치이동의 중심에 선
대치동 학원가

세계적인 경영 컨설턴트 에이드리언 슬라이워츠키Adrian Slywotzky
는 저서『가치이동』(세종서적, 2000)에서 기업의 경쟁우위에 관해
설명했다. 그에 따르면 경쟁우위를 얻은 기업은 단지 기술이나 품
질을 향상시킨 기업이 아니라, 고객 가치의 변화를 반영하는 사업
설계Business Design를 성공적으로 수행한 기업이었다고 한다.

시장은 과거의 고객 가치만 충족시키는 낡은 사업설계를 떠나
새로운 가치를 충족시켜줄 수 있는 사업설계로 자연스럽게 이동
한다. 대표적인 경우가 애플의 아이팟이다. 애플의 아이팟은 경쟁
제품인 아이리버보다 기능적으로 더 뛰어난 제품은 아니었다. 그
런데 아이팟이 등장하던 시기에 고객들은 다양한 기능보다는 그

저 자신이 듣고 싶은 음악을 값싸고 쉽게 다운로드하기를 원했다. 애플은 음원사이트인 아이튠즈와 아이팟을 페어링하는 사업설계를 통해 경쟁자를 밀어낼 수 있었다.

대치동 학원가의 가치이동: 속도에서 학습 역량으로

지금까지 대치동 수학 시장에서 소비자가 가장 중요하게 여겼던 가치는 두말할 나위 없이 '속도와 양'이었다. 초등학교 때 중·고등학교 과정을 선행학습하는 것이 명문대 입시 성공의 필수 조건이었고, 이를 얼마나 빠르게 선행할 수 있는지가 학원의 서열을 결정했다. 선행학습이 당연시되는 분위기는 학부모들에게 "우리 아이만 뒤처지면 어떡하나?"라는 극심한 불안감을 조성했다. 학원들은 이 불안감을 먹잇감 삼아 더욱 빠른 커리큘럼을 경쟁적으로 만들어 제공했다.

이 시기에 고객의 니즈를 가장 잘 충족시킨 사업설계는 판서식 대형학원이었다. 일타 강사는 판서 수업을 통해 다수의 학생들에게 표준화된 콘텐츠를 효율적으로 전달했다. 이들은 강력한 브랜드 정체성과 입증된 입시 실적 그리고 독점적인 자체 콘텐츠로 시장을 지배했다.

그런데 속도 위주의 가치에 균열이 생기기 시작했다.[*] 암기 위주의 진도 빼기식 수업은 본질적인 학습 역량을 길러주지 않았기에 필연적으로 '학습 구멍'을 야기했다. 이른바 '선행의 역설'이다. 학생들은 학습 구멍을 메우기 위해 별도로 '다지기' 학원까지 다녀야 했다. 즉 속도와 양에 매몰된 기존 사업설계의 한계가 '학습 역량'과 '지속가능한 학습'이라는 가치에 대한 수요를 창출한 것이다.

그 결과 대치동에서는 '학습하는 방법' 자체를 가르치는 사업설계가 떠오르고 있다. 이 모델의 핵심은 '메타인지'와 '자기주도학습'이다. 이제 대치동 학원들은 학생이 '무엇을 알고 무엇을 모르는지 스스로 파악하게 하는 능력'을 판매하기 시작했다. 이는 단순히 지식을 반복 주입하는 것이 아니라, 학생 스스로 자신의 인지 과정을 객관적으로 바라보고 학습 전략을 수정하도록 돕는 것이다.

대표적인 학원이 '대치동캐슬'이다. 이들은 '자기주도 학습기관'을 표방하며, 카이스트 및 서울대 교육학과 출신 전문가들이 만든 프로그램으로 과학적인 학습 습관을 키워준다. 이들은 온라인 클래스와 학습 플래너 등을 통해 학생들이 스스로 학습을 관리

＊ 직접적인 배경은 입시전형의 변화다. 2028 대입 개편 이후 서울대 입시는 '역량평가'라는 명칭으로 수시와 정시 모두 정성평가를 강화할 예정이다. 수시에서는 '종합역량평가'와 'SNU 역량평가 면접'을, 정시에서는 '교과역량평가'를 통해 역량 중심 평가체제를 구축할 계획이다.

하고 목표를 달성하는 방법을 훈련시킨다. 이는 단기 성적 향상을 넘어 평생에 걸쳐 유용한 학습 능력을 길러준다는 점에서 새로운 가치를 창출한다. 또 다른 사례인 '대치쿰100학원'은 메타인지를 여름방학 캠프의 핵심 과목으로 설정하기도 했다.

지금 대치동의 가치 제안은 '최고의 입시 결과'에서 '최고의 학습자로 성장하는 것'으로 변화하고 있다. 이는 또한 대치동을 소비하는 고객들이 중요시하는 가치가 단지 입시를 넘어 장기적인 관점에서 학습자의 잠재력을 극대화하는 것으로 이동하고 있음을 보여주는 신호기도 하다.

대치동 학부모는
어떻게 사교육 전문가가 될까

문영미 교수는 저서 『디퍼런트』(살림Biz, 2011)에서 소비자 유형을 다섯 가지로 분류했다. 각각 카테고리 전문가, 기회주의자, 실용주의, 냉소주의자, 브랜드 로열리스트다. 일식 오마카세를 예로 각각의 유형을 살펴보자. 여러 오마카세 식당의 디테일한 차이를 알고 있으면 카테고리 전문가다. 이들 중에서 특정 오마카세 브랜드에 꽂혀 있으면 브랜드 로열리스트다. 자신이 좋아하는 식당의 할인 행사를 기다리면 기회주의자고, 모임을 만들어 식당과 거래하면 실용주의자다. 그리고 오마카세의 높은 가격에 비판적인 시각을 가지고 있으면 냉소주의자다.

이는 소비재 시장을 설명하기 위한 분석의 틀이지만, 사교육 시장에 적용해도 꽤 그럴듯하게 들어맞는다.

대치동 학부모와 비 대치동 학부모의 소비자 유형

학부모 집단은 여러 소비자 유형이 결합된 하이브리드 형태를 보인다. 이 가운데 대치동 학부모 집단은 '카테고리 전문가', '브랜드 로열리스트', '실용주의자'의 특성이 결합돼 있다. 반면 다른 지역의 학부모 집단은 '실용주의자'와 '기회주의자'가 주를 이루는 가운데 '냉소주의자'의 태도가 바닥에 깔려 있다.

① 대치동 학부모의 경우

대치동 학부모들은 '대학입시'라는 특정 카테고리 내에서 단순 소비자를 넘어서 전문가 수준의 지식과 정보력을 보유한다. 이들의 전문성은 사교육을 선택하는 기준에서 명확히 드러난다. 대치동 학부모들은 학원을 선택할 때 해당 학원의 비용이나 명성보다 강사진의 역량을 압도적으로 중요한 선택의 기준으로 삼는다. 어떤 강사가 어떤 과목과 어떤 수준의 반에서 강점을 보이는지는 물론 자신의 커리큘럼을 최근 입시 경향에 맞게 수정하는지까지 파악한다.

이들의 전문성은 '디스쿨'이라는 정보 커뮤니티를 통해 배양되고 유지된다. 디스쿨은 2008년에 개설됐는데, 학부모 중에서 여

성만 회원으로 가입할 수 있다. 이곳에서는 대치동 학원과 강사, 학교, 입시 전략에 대한 상세하고 시의성 높은 정보가 실시간으로 교류된다.

소비자 유형에 맞추어 분류했지만, 대치동 소비자의 충성도는 소비재의 브랜드 충성도와는 결이 다르다. 대치동의 충성도는 철저히 실용적이고 결과지향적이다. 대치동이라는 브랜드가 소비자에게 약속하는 것은 의대 또는 최상위권 명문대 입학이라는 명확한 결과물이다. 학부모들은 이 결과물을 가장 확실하게 제공할 것으로 기대되는 시스템에 충성하며, 언제든지 충성의 대상을 바꿀 수 있다. 기존의 스타 강사가 적중률이 떨어지거나 더 효율적인 시스템을 갖춘 신흥 학원이 나타나면 주저 없이 이동한다.

②비 대치동 학부모의 경우

주요 학군지를 제외한 지역 대부분에서 학부모들의 의사결정 과정은 실용주의자의 특징과 정확히 일치한다. 이들은 학원 브랜드 간의 미세한 차이나 강사의 명성보다는 접근성과 가성비, 그리고 클리닉 서비스 같은 실용적 가치를 중시한다. 다만 이들의 실용주의적 태도는 자녀 교육에 무관심하기 때문이 아니라 사교육 카테고리에 관한 정보 부족의 결과로 봐야 한다. 정보가 부족하면 편의성과 비용이 선택의 기준이 될 수밖에 없기 때문이다.

반면 대구의 수성구, 부산의 동래구, 서울의 목동, 안양의 평촌 등은 각 권역의 교육 중심지인 '로컬 허브'로 발전했다. 이 지역들은 주변 지역의 우수한 학생들을 흡수하는 블랙홀이다. 이 지역의 학부모들은 대치동과 마찬가지로 지역 내 최상위 학원과 최고의 강사에 대한 정보를 적극적으로 탐색한다는 점에서 카테고리 전문가로서의 면모를 보인다. 그렇지만 이들이 공유하는 정보의 양과 질은 대치동과 많은 차이를 보인다.

학부모가 사교육에 투자하는 이유

대치동 학부모들은 대개 자녀의 교육에 시간과 비용을 아끼지 않고 투입할 여유가 있다. 애초에 그것을 목적으로 모여든 지역이기도 하다. 그러면 학부모의 시간과 자금에 여유가 있다면 그들은 모두 대치동 학부모와 비슷한 소비자 유형이 될까?

꼭 그렇지는 않다는 사례가 바로 우리나라 안에 있다. 바로 울산이다. 울산은 전국적으로 소득 수준이 매우 높은 도시이며, 현대청운고와 같은 전국 최상위권 고등학교가 위치해 있다. 그럼에도 울산에는 사교육과 의도적으로 거리를 두는 냉소주의자 및 비참여 학부모 집단이 상당수 존재한다. 그 결과 이 지역 학생들의 사교육 참여율과 명문대 진학 기대 수준은 전국 평균에 미치지 못하는 것으로 나타났다. 이러한 현상의 배경에는 지역의 독특한 산업 구조가 있다. 고등학교만 졸업해도 대기업 생산직으로 취업하여 안정적이고 높은 소득을 올릴 수 있는 경로가 존재하기 때문에 굳이 사교육에 시간과 비용을 투자할 필요가 없다.

울산의 사례는 매우 중요한 시사점을 제공한다. 학부모의 교육열은 단지 가치관의 문제가 아니라 투자에 대한 기대 수익률을 냉철하게 계산한 경제적인 선택이라는 사실이다. 이는 교육정책만으로 사교육 시장의 성장을 억제하려는 시도에 한계가 있으며, 그 어떤 교육제도의 개혁보다 산업 구조의 변화가 학부모의 사교육 소비 패턴에 더 큰 영향을 미칠 수 있음을 보여준다.

의대 쏠림 현상:
경제적 지대를 향한 합리적 질주

수험생들이 너도나도 의대에 지원하고 무한 N수를 거듭하고 있다. 작금의 의대 쏠림 현상은 대치동을 넘어 대한민국 전체 입시를 뒤흔드는 광풍이다. 일견 모두가 집단 광기에 빠진 것이 아닌가 싶은 이 모습은, 경제학적으로 보면 '경제적 지대Economic Rent'를 획득하기 위한 더없이 합리적인 선택으로 해석할 수 있다.

경제적 지대의 추구

본래 지대地代란 '토지 사용의 대가로 토지 소유자에게 지급하는 대가'를 의미한다. 한마디로 토지 임대료다. 그러나 경제학에서는 노동이나 특허 등 생산요소 전반에 이 용어를 확장하여 사용한다.

어떤 생산요소가 받는 보수는 '전용수입'과 '경제적 지대'의 두 가지 요소로 구성된다. 전용수입이란 어떤 생산요소를 현재의 용도로 계속 쓰기 위해 지불해야 하는 최소한의 금액이고, 경제적 지대란 어떤 생산요소를 지금의 용도로 계속 사용하기 위해서 지불하는 초과보수를 의미한다. 예를 들어 내가 어느 회사에서 매달 250만 원을 받으며 일하고 있는데, 다른 회사에서 똑같이 일해도 매달 300만 원을 줄 테니 이직하라는 제안이 들어왔다고 해보자. 이를 알게 된 기존 회사가 나를 잡아두기 위해 다른 조건 없이 보수를 300만 원으로 올려주었다. 그러면 나의 총보수 300만 원 가운데 전용수입은 250만 원이고 경제적 지대는 50만 원이 된다. 나의 기회비용은 300만 원이여, 기회비용에서 현재 보수를 빼도 경제적 지대가 된다.

같은 일을 이전과 똑같이 수행하면서도 더 큰 이익을 얻을 수 있다면 누구나 그 방법을 찾게 된다. 그런데 이때 '더 큰 이익'을 '더욱더 큰 이익'으로 만들려면 어떻게 해야 할까?

어떤 마을에 의사가 나 한 사람뿐이라고 하자. 그러면 내가 의술을 더 갈고닦거나 좋은 약을 개발하지 않아도 사람들은 모두 나를 찾아올 것이고, 치료비는 부르는 게 값일 것이다. 그런데 다른 마을에서 의사가 이주해 온다면 어떻게 될까? 경쟁이 발생하고 치료비는 낮아질 것이다. 이를 막을 방법이 있다. 다른 의사가 우리 마을로 이주하기 전에, 마을에 들어와서 의료행위를 하려면 나의 인가를 얻어야만 하도록 미리 제도화해두는 것이다.

이처럼 추가로 가치를 창출하지 않지만 공급을 의도적으로 제한하여 더 큰 이익을 도모하는 행위를 '경제적 지대의 추구'라고 한다.

의사 면허가 창출하는 압도적인 경제적 지대

'어떤 행위를 하기 위해 인가를 얻어야만 하도록 미리 제도화해두는 것'은 달리 말하면 '면허'다. 면허는 인위적으로 경제적 지대를 만든 대표적인 사례다.

면허가 필요한 직업 가운데 그 경제적 지대가 가장 큰 직업군은 변호사와 의사를 꼽을 수 있다. 다만 2009년에 로스쿨이 도입되고 2017년에는 사법고시가 완전 폐지되면서, 로스쿨을 졸업하여 국가시험에 합격하면 변호사가 될 수 있는 시스템이 만들어졌다. 이후 변호사의 경제적 지대는 많이 낮아졌다. 사법고시를 실시하던 시절보다 변호사의 공급이 늘어났기 때문이다.

반면 의료계는 로스쿨에 해당하는 의학전문대학원 시스템을 극렬하게 반대하여 의대로 다시 바꿔놓았다. 우리나라의 의대 정원은 2006년부터 17년 동안 3,058명으로 변함없이 고정됐다. 2025년에 잠시 정원이 50퍼센트가량 늘어났으나 2026학년도부터는 다시 원래대로 돌아간다. 이렇게 공급이 조절되어 시장 경쟁이 제한되면 면허를 소유한 개인은 독과점적인 이득, 즉 '독점 지대'를 누릴 수 있게 된다.

의사 면허가 창출하는 경제적 지대의 크기는 다른 직업과의 압도적인 소득 격차에서 명확하게 드러난다. OECD 통계에 따르면 한국 의사의 소득은 전체 노동자 평균 임금의 최대 7배에 가까우며, 이 격차는 OECD 회원국 중 가장 크다. 어느 의사가 의대 졸업 후 20대 후반부터 일반의를 시작하여 30대 초반에 전문의가 된 다음 30년 정도 일한다고 가정해보자. 이 의사는 일반의 기간 5년 동안 약 7억 1150만 원, 전문의 기간 30년 동안 71억 670만 원을 벌 수 있다. 총 예상 소득은 78억 1820만 원이다. 사실 이는 매우 보수적인 추정치다. 개원하거나 특정 전공을 선택하면 훨씬 더 높은 소득을 올릴 수 있다.

이처럼 거대한 경제적 지대가 존재하면 사람들은 그것을 차지하기 위해 너도나도 달려들게 된다. 지금 시점에 학생과 학부모가 투자하는 시간과 비용은 나중에 기대할 수 있는 수익에 비교하면 아무것도 아니다. 최상위권 인재들의 의대 쏠림 현상은 의사 면허가 창출하는 막대한 경제적 지대를 획득하기 위한 더없이 합리적인 선택인 것이다.

절벽을 향해 달리는 스프링 벅

사실 경제적 지대는 여러 가지 부작용을 만들어낸다. 새로운 가치를 창출하지 않으면서 특정 생산요소를 가진 이들에게 부가 편중되기 때문에 생산성 저하와 경제적 불평등을 초래한다. 또 경제적 지대를 추구하는 행위는 경쟁자의 진입을 허용하지 않기 때문에 개발과 혁신이 정체된다. 결국 소비자는 합리적이지 않은 가격에 질 낮은 제품과 서비스를 제공받게 된다.

의대 쏠림 현상 자체도 국가 전체에 악영향을 일으키고 있다. 사교육 시장의 과열 또한 문제지만, 가장 심각한 문제는 국가의 미래 성장 동력의 핵심인 이공계 인재의 유출이다. 반도체, AI, 바이오 등 첨단 산업 분야를 이끌어야 할 최상위권 두뇌들이 의대로만 쏠리면서 과학기술 분야의 인재 확보에 비상이 걸렸다. 실제로 의대 정원 확대 이슈만으로도 KAIST 등 주요 과학기술원의 정시 지원자가 급감하는 현상이 나타났다. 이는 국가 전체의 생산성과 혁신 잠재력을 갉아먹는 심각한 자원 배분 왜곡 현상이다.

아프리카 남부 칼라하리 사막에는 '스프링 벅'이라는 산양들이 무리를 지어 산다. 이들은 평소에는 평화롭게 풀을 뜯는데, 무리의 숫자가 커지면 이상한 현상이 발생한다. 앞장선 산양들이 풀을 모두 뜯어 먹을 것이 없어지면 뒤따르던 산양들이 앞장선 산양들을 제치고 앞에 나서려 한다. 그러면 뒤로 처지게 된 산양도 마찬가지로 다른 산양들을 제치려 한다. 경쟁이 격화되며 앞선 산양들은 제쳐지지 않기 위해 달리기 시작하고, 이를 제치기 위해 뒤의 산양들도 달리기 시작한다. 그러다 절벽을 만나면 멈추지 못하고 모두 절벽 아래로 몸을 던진다.

스프링 벅의 이야기에서 지금의 의대 광풍을 떠올리는 것은 지나친 상상일까? 미국의 환경 과학자 도넬라 메도우스^{Donella H. Meadows}의 다음 말은 우리에게 무거운 메시지를 던진다.

> "시스템 내의 모든 사람이 합리적으로 행동하더라도, 이러한 행동들이 모여 끔찍한 결과를 초래하는 경우가 너무나 많다."

CHAPTER 5

대치동 스토리: 머리 아홉 달린 히드라의 탄생

멸종과 진화의
대치동 잔혹사

밝혀진 바에 따르면 지구의 생태계는 지금까지 다섯 번의 대멸종을 겪었다. 종의 75퍼센트 이상이 멸종하면 대멸종이라고 한다. 페름기 대멸종의 경우는 무려 95퍼센트 이상의 종이 멸종했다. 살아남은 종 역시 멸종만 하지 않았을 뿐 막심한 피해를 입었을 것이다. 멸종이 일어난 원인은 급격하게 추워진 기후, 대기 산소 농도 저하, 화산 폭발, 소행성 충돌 등이 있다. 원인은 다양하지만, 그 원인이 생태계 내부가 아니라 외부에서 비롯되었다는 점은 공통적이다.

서대문자연사박물관과 국립과천과학관 관장을 역임한 이정모 교수는 최근 저서 『찬란한 멸종』(다산북스, 2024)에서 '멸종과 진화는 동전의 앞면과 뒷면의 관계'라고 말했다. 멸종은 어느 생명체의 종말을 의미하지만, 동시에 다른 생명체에게는 새로운 진화의 기회를 제공한다는 뜻이다. 대멸종의 과정에서 최상위 포식자는 반드시 멸종했다. 덩치가 크고 에너지가 많이 필요한 종은 급격한 외부 환경의 변화에 적응하기가 어렵기 때문이다. 덕분에 먹이사슬에서 주로 아래쪽에 있던 종들이 새로운 환경에 잘 적응하며 진화를 추동하는 경우가 많았다.

대치동의 거대 공룡, 유레카논술학원의 몰락

밖에서 보면 대치동 학원가는 대한민국 사교육 1번지로서 불패의 신화를 이어가는 듯 보인다. 대치동 학원의 수가 날이 갈수록 가파르게 증가하고 있어서다. 2019년에는 1,381개였던 대치동 학원 수가 2025년에는 1,700여 개로 늘었다.

그러나 안에서 보면 대치동만큼 부침이 심한 곳도 없다. 대치동은 국내에서 가장 많은 학원이 세워지는 곳이며 또 가장 많은 학원이 문을 닫는 곳이다. 또 언론은 역사상 단 한 번도 정부가 사교육을 이긴 적이 없다는 비판 기사를 쏟아내지만, 역사상 정부의 힘을 이긴 사교육 업체는 한 군데도 없다. 동전의 앞면과 뒷면이 바뀌듯이 업체의 손바뀜이 일어났을 뿐이다.

2000년대의 대치동 논술학원 시장을 살펴보자. 당시 대입에서 정시전형은 '죽음의 트라이앵글'이라고도 불린 '수능+내신+논술'의 형태로 운영됐다. 처음에는 논술의 비중이 크지 않았으나 수능과 내신의 변별력이 크지 않다고 판단한 대학이 논술의 비중을 늘렸다. 특히 2008학년도 수능에서 교육 당국은 원점수와 백분율을 공개하지 않고 9등급제로 구분된 등급만 성적표에 기재하도록 하여 수능을 거의 자격고사로 바꿔버렸다.* 당연히 대학에서는 논술의 가중치를 더 높여서 대응했다.

정시전형에 논술시험이 버젓이 있었지만, 공교육에서는 논술을 가르칠 생각도 여력도 없었다. 자연히 학생들은 사교육에 의존했다. 이때 대치동에서 논술학원의 최강자로 떠오른 것이 '유레카논술학원'이었다. 이곳은 2002년에 248명, 2005년에 319명, 2006년에 410명의 서울대 합격자를 배출하며 전국적인 명성을 얻었다. 그 결과 유레카 논술학원은 250명 이상의 강사와 첨삭코치를 고용하고 전국적으로 5개 직영점과 75개 가맹점을 운영하는 거대 학원으로 성장했다. 이때 목동의 '초암논술'도 1,000명이 넘는 학생의 논술시험을 성공적으로 마무리한 업력으로 대치동에 입성했다.

이처럼 성장하는 시장을 자본이 놓칠 리 없다. 여러 투자자와

---

* 등급제 성적표 때문에 수능 최초로 만점자가 공개되지 않았다.

펀드들이 구매할 만한 학원을 찾아 대치동으로 모여들었다. 이런 투자자들의 손을 잡는 것은 학원 경영자들의 이해관계와도 일치했다. 대입 논술학원은 그 특성상 매출의 계절성Seasonality이 뚜렷하다. 요즘 말로 매출이 '이븐하지 않은' 한철 장사라는 뜻이다. 자금 운용이 원활하지 않을 때가 많고, 그래서 자본의 유혹에 빠졌을 것이다. 그 결과 대형 논술학원들은 몸값을 높이기 위해 강사를 뽑고 공격적으로 투자하며 덩치를 키우기 시작했다.

그러던 2007년 말, 17대 대선에서 이명박 후보가 당선됐다. 이명박 당선자의 교육정책에는 정시논술 폐지안이 포함돼 있었다. 그런데도 학원 매각 협상은 이어졌다. 대입전형처럼 중요한 정책을 재임 즉시 바꾸는 것은 전례가 없었고, 적어도 몇 년이라는 유예기간이 있다면 변화의 칼날을 피할 수 있을 것이라 판단했던 것이다. 그러나 새롭게 들어선 이명박 정부는 2008년이 되자마자 2009학년도 대학입시 자율화를 발표하며 정시논술 폐지를 예고했다. 이 소식에 막바지에 이르던 유레카논술학원의 매각 협상은 완전히 백지화됐다.

논술 폐지 소식이 퍼지자 대치동 논술학원 시장에서는 순식간에 학생들이 빠져나갔다. 결국 유레카논술학원은 헐값에 매각됐다. 급격한 외부 환경의 변화에 따른 최상위 포식자의 '공식'과도 같은 퇴장이었다. 마찬가지로 가맹사업을 크게 벌이거나 매각을 위해서 억지로 덩치를 키운 학원들은 거의 예외 없이 매각되거나, 폐원하거나, 다른 지역으로 자리를 옮겼다.*

새로운 대치동 생태계의 등장과 진화

이때 폐지된 것은 정시논술뿐이었다. 수시논술까지 폐지된 것은 아니었기 때문에 논술시장의 파이가 줄어들었을 뿐 아예 사라진 것은 아니었다. 그래서 소규모 논술학원이나 정시논술 폐지를 예측하여 규모를 줄인 논술학원은 어렵게나마 생명줄을 유지할 수 있었다. 대표적인 사례가 2005년에 김영준 원장이 대치동에서 개원한 '산논술학원'이다. 이 학원은 저 시기를 버티고 살아남아 현재 3,000명 이상의 학생들이 다니고 있다.

한편 대치동에는 새로운 사람들이 등장하기 시작했다. 이 시기에 대치동에 재건축이 이뤄지고 신축아파트도 들어섰다. 1999년 대치현대, 2000년 대치삼성1차, 2005년 동부센트레빌, 2008년 현대아이파크, 2015년 래미안대치팰리스 등이 재건축됐고, 대우건설, 포스코건설, 풍림산업 등이 신축아파트를 지었다. 2004년

---

* 2007년에 설립된 대표적 학원펀드인 타임교육은 공격적으로 학원을 인수했다. 하지만 결국 실적 악화로 워크아웃에 들어갔다. 워크아웃을 졸업한 이후 회생하여 1500억 ~2000억 원에 매각된다는 설이 있었으나 불발됐다. 2025년 현재 700억 원 매각설이 다시 돌고 있다.

에 세워진 도곡동의 타워팰리스도 범대치동에 속했다.

이 시기에 대치동으로 이주한 사람들에게 '온 가족이 대치동에 입학했다.'라는 표현이 쓰이기 시작했다. 이들에게 대치동은 그저 자녀가 다니는 학원이 있는 동네가 아니라, 가족 전체가 자녀의 교육을 위해 머무르는 캠퍼스나 마찬가지였다.

이러한 변화를 주도한 것은 두 부류의 학부모였다. 첫째는 공부 선출 부모다. 이들은 그 자신들이 누렸던 강남 8학군 명문 고등학교와 최고의 사교육 업체라는 대치동의 세례를 자녀들에게도 똑같이 받게 해주기 위해 대치동에 진입했다. 둘째는 비선출 부모다. 이들은 명문대 간판이 없다는 이유로 자기 능력이 평가절하됐던 억울함을 자녀는 겪지 않게 하려고 대치동에 진입했다. 대치동의 이점을 너무 잘 아는 부류와 억울함에 한이 맺힌 부류가 가진 강력한 동력은 대치동의 분위기를 완전히 바꿔놓기 시작했다.

이들은 향후 명문대 입시에서 책읽기와 글쓰기가 중요해질 것이며, 문해력을 길러주기 위해서는 어릴 때부터 논술을 교육해야 한다고 판단했다. 이렇게 초등논술시장이 열리면서 정시논술 폐지로 인해 입지가 좁아진 대입전문 논술학원들도 초등학생과 중학생을 위한 논술시장으로 진입하면서 생존을 모색했다. 1997년에 개원한 '지혜의숲', 1998년에 개원한 'C&A논술', 2004년에 개원한 'MSC브레인컨설팅그룹', 2007년에 개원한 '논술화랑' 등은 이들의 자녀를 가르치면서 시스템과 커리큘럼을 완성하여 지금까지도 초등논술의 최고봉 자리를 유지하고 있다. 대치동 생태계의 새로운 장이 시작된 것이다.

대치동의
개척자들

8학군은 본래 지금의 강남이 아니라 강북의 종로와 인근 지역에 존재했다. 정부는 1970년 무렵부터 강남지역 개발을 시작하며 서울의 인구를 분산시키기 위해 강북 8학군의 명문 학교들을 강제로 강남에 이주시켰다. 이때 강북 8학군에서 자녀를 학교에 보내던 학부모의 선택은 무엇이었을까? 당연히 삶의 터전인 서울의 중심가를 버리고 당시로서는 '깡촌'에 불과했던 강남으로 이주하기는 쉽지 않았을 것이다. 실제로 당시 강남 이주 비율은 10퍼센트가량이었다. 학교 이전 초기에는 강북에 집을 두고 강남의 학교로 통학하는 학생이 훨씬 많았다.

그렇다면 초기부터 이주를 선택한 학부모들은 누가, 어떤 배경에서 그런 결정을 내렸을까? 아무래도 자녀를 명문고등학교에 보냄으로써 탄탄한 인생길을 걷게 해주고 싶은 부모들이었을 것이다. 자신은 꽁보리밥을 먹어도 자식은 흰쌀밥을 먹게 해주고 싶은 것이 부모의 마음이다. 개천에서 용이 나기를 바라는 부모들의 교육열을 이용한 이주 정책은 제법 효과가 있었다. 결국 이들이 초창기 대치동 개척자의 첫 번째 부류가 됐다.

새로운 신화를 만들어간 대치동 개척자들

또 하나의 개척자 부류는 군부 시절에 정부와 싸운 운동권 출신 엘리트들이었다. 전두환 정권은 1980년대에 '교육개혁조치'를 통해 과외와 학원 수강을 전면 금지했다. 이는 사교육 시장의 목전에 칼이 들어온 셈이었다.

1989년에는 정부와 전교조의 마찰로 1,527명의 교사가 해직됐다. 전교조 문제는 곧 사회문제로 확대됐다. 학생들까지 시위에 참여했고, 정부는 조기 방학으로 강경 대응에 나섰다. 그러나 이로 인해 정상적인 학교 수업이 불가능해지자, 정부는 그동안 막아두었던 재학생의 학원 수강을 방학 중에 제한적으로 허용했다. 또 1991년에는 학원 수강의 허용이 각 교육감의 재량에 맡겨지면서 경색됐던 사교육 시장에 피가 돌기 시작했다. 이때 군부와 싸웠던 전교조와 운동권 출신들이 사교육 시장으로 흘러들었다.

초기에 운동권 출신들이 사교육 시장에 뛰어든 것은 궁여지책이었다. 구속 경력이 발목을 잡아 일반 기업에 취업할 수 없었고, 취업 시기를 놓쳐버린 경우도 흔했다. 그런데 시간이 지나며 이들은 기존의 사교육 종사자와는 완전히 결이 다른 모습을 보여주기 시작했다. 이들은 정책의 본질과 빈틈을 누구보다 예리하고 파고들었다. 또 네트워크를 만들어 정보와 문화를 공유하는 것을 운동권보다 더 잘할 수 있는 이들은 없었다. 국가에서 외고, 과학고, 국제고, 영재교, 자사고 등의 설립을 인허할 때마다 이런 조치가 대입에 어떤 영향을 미칠지, 이들 학교에 입학하려면 무엇을 어떻게 준비할지 분석하고 통찰하여 대치동 학부모들과 공유했다.

이들이 기존 사교육 종사자들과 달랐던 핵심은 대학입시를 '실력'에서 '전략'의 문제로 바꿔 놓았다는 점이다. 대개 시험이라는 것은 운칠기삼이라고 할 정도로 운의 영역이 컸다. 그런데 운의 개입을 최소화하고 전략적으로 대비하여 합격 가능성을 최대로 끌어올릴 수 있다는 메시지는 학부모들의 영혼을 흔들었다.

그리고 실제로 이 전략이 먹히며 이들은 신화가 됐다. 학부모들이 스스로 전도사가 되어 간증을 통해 이들의 업적을 부풀려 전달했다. 학부모들 주변에는 같은 처지에 있는 사람들이 많았으므로 접점과 공감대가 늘어나며 강력한 네트워크가 생성됐다. 시스템에 소속감과 정보 교환 기능이 탑재되면 지속성이 확보된다. 바로 이것이 지금까지도 이어져 내려오는 대치동 학원가의 메인스트림이다.

대치동의 황금기를 이끈
헌재의 판결

1980년에 군사정부는 7·30 교육개혁조치로 "누구든지 과외 교습을 하여서는 아니된다."라는 규정을 도입해 과외를 전면 금지했다. 부유층의 고액 과외를 근절하여 교육 기회의 평등을 높이고 가계의 교육비 부담을 덜겠다는 취지에서였다. 교육부는 고액 과외 단속을 위해 과외비의 한도와 위반 시의 처벌방안을 마련했다. 개인과외 교습자에게는 과외비를 신고하게 하고, 그 이상의 금액을 받으면 처벌하는 파파라치 제도까지 입법하는 것으로 대응했다. 교육청은 불법과외 신고센터를 고액과외 신고센터로 전환하고 대치동 일대에 기동점검반을 집중 배치하는 등 고액과외와의 전쟁을 선포했다.*

2000년 헌법재판소의 위헌 판결

하지만 교육 당국의 처절한 사투에도 불구하고 사교육 시장은 오히려 폭발적 성장의 계기를 맞았다. 2000년 4월 27일, 헌법재판소는 과외 금지 조항이 부모의 자녀 교육권과 교습자의 직업 선택의 자유를 과도하게 제한하여 헌법상 '과잉금지의 원칙에 위배된다.'라고 판시했다. 요컨대 국가가 교육의 형평성을 확보하려는 목적 자체는 정당하더라도, 과외를 전면적으로 금지하는 수단은 필요 이상의 침해로서 헌법에 부합하지 않는다는 법리였다. 이로써 1980년 이후 지속되어온 과외 전면 금지 조치는 20년 만에 위헌으로 결론지어졌다. 1989년에 방학 중 학원 수강이 허용되고, 1991년부터 이듬해에 걸쳐 재학생의 학원 수강까지 전면 자유화되며 사교육 수요가 커지고 있는 상황에서 헌재의 과외 금지 위헌 결정은 그 불길에 기름을 부은 격이었다.**

특히 대치동은 헌재의 판결을 계기로 '사교육 1번지'로서 입지를 굳힐 수 있었다. 1995년에 대학생 과외가 합법화되고 학원 설

---

* 과외 금지 정책은 부유층의 고액과외를 막아 서민들의 감정을 달래려 했던 기만적 조치였다고 비판하는 언론도 있었다.

** 당시 곧바로 언론의 포화가 이어졌다. 당시 기사들의 표제를 보면 '고삐 풀린 과외', '설 땅 좁아진 공교육', '무너지는 교실', '10조 웃도는 연간 과외비', '과외 알선업체, 벌써부터 문의 쇄도' 등이 보인다.

립이 허용되자 대치동 일대에는 불법과 합법을 넘나드는 과외 시장이 형성됐다. 그러다가 과외 금지 해제 조치로 음지에서 양지로 나오게 되자 과외 시장은 그야말로 폭발했다. 당시 이름을 날린 과외 선생들이 학원을 직접 세우거나 학원에 강사로 편입되면서 학생의 수준과 요구를 충족하는 맞춤형 프로그램을 개발할 수 있는 생태계가 만들어졌다. 그 결과 2000년대 초반부터 약 10년간 대치동 학원가는 황금기를 누렸다.

헌재의 위헌 결정 이후 정부는 사교육을 직접 봉쇄하기보다는 그 수요를 줄이고 공교육을 강화하는 쪽으로 노선을 정했다. 노무현 정부의 '방과후 학교 활성화'와 'EBS 활용 방안', 이명박 정부의 '학원 심야영업 단속'과 '공교육 정상화법', 윤석열 정부의 '킬러 문항 제거' 등이 그것이다.

이러한 노력에도 불구하고 사교육 규모는 줄지 않고 오히려 증가했다. 한국교육개발원의 분석에 따르면 2001년 이후 10년 동안 사교육비 총지출은 약 두 배 가까이 증가했다. 2020년대에 들어서는 학생 수가 감소했음에도 사교육비가 사상 최고치를 경신했다. 이때 약 19조 4천억 원이던 사교육비는 2024년에 약 29조 2천억 원으로 불과 4년 만에 10조 원 이상 급증했다.

만일 헌재가 개입하지 않았다면 사교육의 현재는 달라졌을까? 그렇지는 않다고 본다. 사실상 헌재는 길을 막고 있던 커다란 돌

하나를 치운 것뿐이다. 근본적으로 입시제도와 공교육이 변하지 않았으므로 사교육 시장은 지금과 비슷한 양상으로 수렴진화*했을 것이다.

---

* 서로 다른 종이라도 비슷한 환경에서 장기간 적응하면 겉모습이나 기능 면에서 유사한 형질이 나타나는 현상을 말한다.

특목고 전쟁사:
고교학점제 비화와 미친 닭

2025년 현재 대한민국의 모든 고등학교 1학년 학생은 '고교학점제'에 따라 수업받고 있다. 시스템 자체는 대학의 학점제와 마찬가지다. 다른 점은 담임 교사가 출결을 포함한 학생부 관리를 맡는다는 것뿐이다. 학생들은 졸업할 때까지 3년 동안 192학점을 이수해야 하며, 대학처럼 과락도 있다. 과목 점수가 40점 미만이면 재이수해야 한다.

고등학교에 학점제를 도입하는 것은 사실 완전히 새로운 시도는 아니다. 영재학교는 원래 학점제를 시행했고, 과학고, 외국어고, 국제고 등도 정규 교과목 이외의 과목을 학생 스스로 선택할 수 있었다. 그런데 이것이 2025학년도부터는 모든 일반고에 적용된 것이다.

그런데 학생들의 자유로운 과목 선택권을 보장하기 위해 실시된 이 제도는, 지금 정치권과 교육 당국의 도마 위에 올라 있다.

고교학점제 등장의 배경

자사고의 설립 취지는 정부의 보조금을 받지 않는 대신 자체적인 교과 과정을 수립하여 학생들에게 다양한 교육 기회를 제공하고, 학교의 특색 있는 교육을 실현하는 것이었다. 그리고 과학고나 외국어고 등 특목고의 설립 취지는 특정 분야에 재능이 뛰어난 학생을 조기에 발굴해 전문적인 교육을 제공하는 것이었다. 그러나 자사고와 특목고는 본래의 취지를 상실하고 대부분 명문대 진학 트랙으로 변질됐다. 자사고나 특목고에 진학하는 것은 대치동이 컨설팅한 입시 로드맵의 주요한 통과 지점이 됐다.

이를 더 이상 좌시할 수 없었던 정부는 아예 자사고와 특목고의 폐지를 검토했다. 그 수단이 바로 고교학점제였다. 일반고에서도 자사고나 특목고처럼 진로에 맞게 학생 스스로 학과목을 선택할 수 있다면, 굳이 자사고와 특목고 진학을 선택할 필요가 없다는 논리에서였다.

한동안 정치권과 교육계의 뜨거운 감자였던 자사고와 특목고는 결국 살아남았다. 이제 고교학점제는 싸울 상대를 잃어버리고 혼자 유령과 함께 춤을 추게 됐다. 더욱이 고교학점제의 중요한 전제가 진로 선택인데, 대학에서는 자유전공학부(무전공)의 정원을 늘리고 있다. 엇박자가 아닐 수 없다.

'특목고 죽이기'의 역사

2000년대 초중반은 특목고의 최전성기 시절이었다. 당시 특목고는 최상위권 대학의 프리패스로 인식됐다. 카이스트와 포항공대는 대놓고 과학고와 연계했다. 연세대와 고려대는 외국어고와 국제고, 명문 자사고에게 절대적으로 유리한 '깜깜이 전형'을 남발한다는 비판을 받았다. 운에 많이 좌우되는 수능과는 달리 특목고 입시는 예측할 수 있는 선에서 움직였기 때문에 전국 학군지마다 대형 특목고전문학원이 자리를 잡았고 일부는 가맹점 사업까지 했다.* 특목고전문학원은 [그림 5-1]과 같이 특목고로 가는 비계 역할을 톡톡히 해냈다.

특목고 입시에 사교육의 개입이 도를 넘자 언제나 그렇듯이 정부가 칼을 빼들었다. 특목고의 입학시험을 폐지하고 중학교 내신 성적*과 자기소개서, 면접 등으로 학생을 선발하도록 했다. 한국

---

* 지금은 'G1230'으로 이름을 바꾼 '글맥학원'이라는 일산의 초대형 학원이 엄청난 수의 학생들을 특목고에 합격시켰다. 요즘 잘 나가는 대치동 학원처럼 입학테스트를 통해 학생을 선발했다.

수학올림피아드KMO 등의 수상 경력도 배제했다.

그러자 굳이 특목고 입시를 위해 사교육을 받아야 할 필요가 없어졌다. [그림 5-2]처럼 특목고의 고지가 낮아지자 비계가 양적으로나 질적으로 존재 의미를 상실했다. 이 시기에 과도하게 세를 불렸던 일부 학원들은 파산하거나 매각됐다.

특목고 입시 사교육비를 근절시키려는 정부의 의도는 효과를 거두는 것처럼 보였다. 그런데 이후 상황은 정부의 생각과는 다른 방향으로 흘러갔다. 특목고 입시의 난이도가 낮아지자 이제는 누구나 조금만 노력하면 특목고에 갈 수 있게 됐다. 그 결과 더 많은 학생들이 특목고 입시에 뛰어들며 사교육비 지출은 오히려 상승했다.

특목고 내부에서의 경쟁도 더욱 치열해졌다. 예전에는 특목고 입시 자체에서 뛰어난 학생들을 선별했으나, 이제는 특목고 안에서도 옥석을 골라내야 하는 상황이 만들어졌다. 그 결과가 [그림 5-3]이다. 정부의 개입 이전보다 비계가 더 크고 길게 만들어졌다. 대치동에는 특목고 입시학원뿐만 아니라 특목고 내신 학원과 학생부 관리 학원까지 줄줄이 생겨났다.

2025년 현재 일반고가 아닌 고등학교는 마치 설계한 것처럼

＊ 예를 들어 외국어고는 영어 내신 성적만 보게 했다.

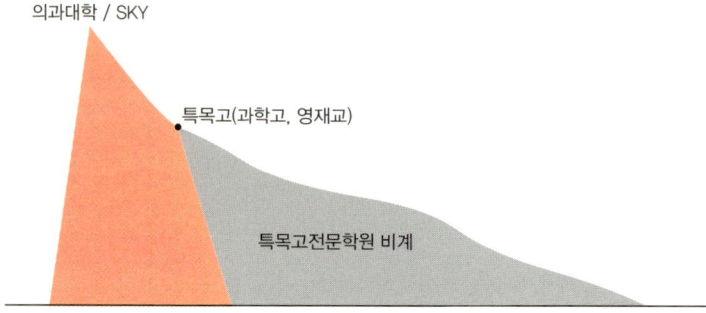

[그림 5-1] 특목고전문학원 비계

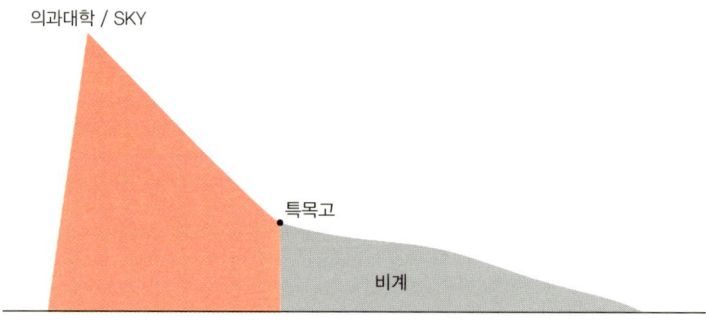

[그림 5-2] 특목고 입학시험 폐지로 인한 효과

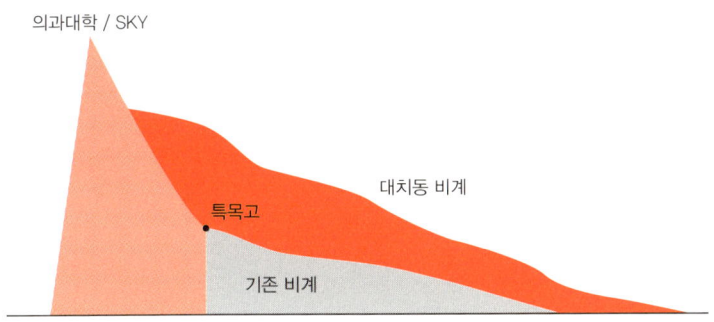

의과대학 / SKY

대치동 비계

특목고

기존 비계

[그림 5-3] 특목고 입학시험 폐지의 결과

그 숫자가 28개씩으로 같다. 문과 트랙인 외국어고가 28개,[*] 이과 트랙인 과학고와 영재교를 합해 28개, 예술고가 28개다. 외국어고는 지역 내에서만 학생을 받는다는 점에서 마찬가지인 광역 자사고와 경쟁 관계가 형성되며, 전국에서 학생을 받는 전국 자사고로 학생이 빠져나가기도 하여 입학의 문턱이 많이 낮아진 상태다. 물론 앞서 언급한 것처럼 내신 경쟁은 과거보다 더욱 치열하며, 해당 지역의 내신 전문학원에게 표적이 되고 있다.

영재교와 과학고는 입학시험만 없을 뿐 '다면 평가'로 학생을 선발하기 때문에 여전히 최상위권 이과 학생이 포진되어 있기는 하다. 하지만 예전과 달리 영재의 농도가 많이 희석됐고, 이제는 내신 성적에서 일정 비율 안에 들어야 원하는 대학에 갈 수 있다. 실제 과학고에는 심화 수학이나 심화 과학 공부보다는 사교육에 기대서 내신 성적에만 집중하는 학생들도 있다고 한다. 이들 중의 상당수는 조기 졸업 후에 반수나 재수를 거쳐 의대에 진학한다.

과연 경쟁만이 최고의 생산성을 담보하는가

데이비드 슬론 윌슨은 저서 『진화론의 유혹』에서 품종개량을

---

[*] 외고는 사립 14개, 공립 14개로 팽팽하다. 사립은 대략 연 교육비가 1000만 원 정도이고 공립은 500만 원가량이다. 물론 학교마다 다르다.

통해 계란 생산량을 늘리는 두 가지 실험을 비교했다. 첫 번째는 각각의 우리에서 가장 많은 계란을 낳는 암탉을 선별해서 하나의 우리에 모아두는 것이고, 두 번째는 계란을 가장 많이 생산하는 닭 무리를 그대로 유지하는 것이었다.

시간이 얼마 지난 후 첫 번째 우리에는 암탉 아홉 마리 가운데 여섯 마리가 죽어 있었다. 남은 세 마리도 쉬지 않고 서로를 공격해서 깃털이 남아있질 않았다. 두 번째 우리에는 아홉 마리 모두 고스란히 남아서 여전히 최고의 생산성을 유지하고 있었다. 이에 관해 저자는 첫 번째 우리의 암탉들은 다른 닭들과 경쟁해서 먹이를 독점하는 등의 방법으로 생산성을 높였기 때문에 함께 있을 때 비극적 결말을 맞이했고, 두 번째 우리의 암탉들은 공격적 자질보다 협동적 자질을 더 많이 가졌기 때문에 죽지 않고서 생산량을 유지했다고 분석했다.

이런 이유로 나는 영재교나 과학고 같은 유형의 시스템에 비판적인 시각을 가지고 있다. 영재가 아니어도 과학이나 수학을 좋아하는 학생들이 있을 수 있다. 영재 중에서 이타적이고 타인에 대한 공감력이 높은 학생도 있다. 이런 학생들이 모여 있어야 시너지가 난다. 암탉의 사례를 사람에게 바로 적용할 수는 없겠지만, 경쟁심과 협동심이 집단의 성공에 어떤 영향을 미치는지는 우리 모두 고민해볼 주제일 듯하다.

EBS는 과연
늑대인가

1955년, 미국 옐로스톤 국립공원이 푸르름을 잃고 황무지로 변했다. 나무와 풀을 다시 심어도 얼마 가지 못했다. 당황한 관료들은 생태학자들에게 조사를 의뢰했다.

생태학자들의 조사 결과는 뜻밖이었다. 그들은 공원이 황무지가 된 이유가 '늑대가 없기 때문'이라고 분석했다. 약 9,000㎢, 서울특별시 면적의 약 15배에 달하는 옐로스톤 구역 내에는 실제로 무분별한 밀렵으로 인해 늑대가 단 한 마리도 남아있지 않았다.

관료들은 반신반의하며 캐나다에서 늑대 14마리를 들여왔다. 그러자 놀랍게도 국립공원에 풀과 나무가 다시 자라기 시작했다. 새싹까지 가리지 않고 초목을 먹어치우던 사슴들을 늑대들이 잡아먹으면서 개체수가 조절된 덕분이었다. 나무와 풀이 자라나자 비버와 새와 곤충들이 돌아왔고, 이들을 먹이로 하는 동물도 속속 공원에 유입됐다. 얼마 가지 않아 공원 전체의 생태계가 예전처럼 완전히 복원됐다. 정부도 하지 못한 일을 늑대 14마리가 해낸 것이다.

EBS의 투입과 정부의 실패

2000년 헌재의 과외 금지 위헌 결정 이후 사교육에 황금기가 찾아오며 공교육이 황폐화됐다. 그러자 노무현 정부는 한국교육방송공사인 EBS를 수능 시장에 투입했다. EBS가 늑대 14마리의 역할을 해주기를 바란 것이다. 서민들의 피를 빨아먹는 교재 출판사와 사교육 업체의 개체수를 줄이고 그 역할을 축소시키면 자연스럽게 공교육이 정상화될 것이라고 정부는 믿었다. 실제로 참고서를 만드는 출판사는 약 30퍼센트가 문을 닫았다. 그러나 사교육, 특히 대치동은 생존을 넘어 오히려 번성했다.

시작은 2004년이었다. 당시 노무현 정부는 EBS를 수능 시장에 투입하며 '수능 연계'라는 무기를 쥐여주었다. EBS 교재의 지문, 도표, 문제 등이 수능 문제와 일정 부분 관련성을 갖게끔 해준 것이다. 그러나 연계 비율은 30퍼센트에 불과했고, 연계 방식도 불확실해서 생태계에 미친 영향은 크지 않았다. 이후 이명박 정부는 연계율을 70퍼센트로 높이고 직접연계 방식을 도입하여 EBS 가 늑대 역할을 제대로 할 수 있도록 판을 깔아주었다. EBS 교재 가 거의 그대로 또는 최소한의 변형만 거쳐 실제 수능에 출제되게 한 것이다. 그 결과 EBS 교재는 사실상 수능 교과서가 됐다.

이 시절 고3 학생들은 과목별로 '수능특강', '수능완성', 'EBS파이널모의고사', 'EBS봉투모의고사' 등 EBS 교재를 거의 30권 넘게 구매하여 공부해야만 했다. 그리고 이는 고등학교 3학년 교실에서 진짜 교과서를 밀어내는 결과를 초래했다. 공교육은 EBS 문제풀이반으로 전락했고, 공교육 생태계는 회복되기는커녕 오히려 악화됐다.

호랑이를 이용하는 여우

정부의 판단은 틀렸다. EBS는 사슴의 개체수를 조절하는 늑대가 아니라 사슴을 모조리 잡아먹는 호랑이였다. 그리고 대치동은 사슴이 아니라 호랑이의 위세를 이용하는 여우였다.

대치동을 포함한 사교육 시장은 EBS의 수능 연계에 대응하는 다양한 전략을 수립했다. 대치동 학원들은 EBS 교재를 단순히 풀고 해설하는 데 그치지 않고 EBS 지문을 응용한 예상 문제를 만들어냈다. 곧 'EBS 연계 교재 100% 분석', 'EBS 변형 N제' 등의 카피를 단 교재들이 경쟁적으로 출시됐다. 정부는 EBS 연계율이 높을수록 사교육의 필요성이 줄어들 것이라 예상했지만, 대치동은 오히려 연계율 70퍼센트를 자신들의 홍보 포인트로 내세웠다.*

일이 이렇게 되자 직접연계 70퍼센트에 대한 비판 여론이 거세졌고, 정부는 2022학년도 수능부터 연계 방식을 간접연계 50퍼센트로 바꿨다. 간접연계는 EBS 교재의 핵심 주제, 아이디어, 개념, 도표 등을 활용하여 완전히 새로운 지문이나 문제를 만드는 방식이다. 예를 들어 영어 영역의 문제를 출제할 때, EBS 교재와 동일한 소재를 다루되 전혀 다른 지문을 활용하는 식이다. 그 결과 수험생들이 느끼는 연계 체감도가 급격하게 낮아지면서 사실상 비연계 시험과 다름없게 됐다. 약 20년에 걸친 연계 정책의 비겁한 퇴장이었다.

더욱이 연계 정책이 사교육비를 줄일 것이라는 정부 예측과 달리 지난 10여 년간 사교육비 총액과 학생 1인당 사교육비는 꾸준히 증가했다. 70퍼센트로 연계율이 올라간 2011년과 2012년에 일시적으로 사교육비가 감소했으나,** 이후 고등학생 사교육비

---

* 대치동의 어느 유명 강사는 EBS 교재의 지문 300여 개를 하나하나 직독·직해하고 주요 문장을 통째로 암기시키는 강의로 큰 인기를 끌기도 했다.
** 통계청의 사교육비 공식 통계는 정책의 핵심 도구인 'EBS 교재 구입비'를 사교육비 항목에서 제외하고 별도로 집계한다. 이는 정책의 성공 여부를 판단하는 핵심 지표에 정책 수단 자체가 포함되지 않는 통계적 맹점을 드러낸다.

는 다시 증가 추세로 돌아섰다. 간접연계 50퍼센트로 바뀐 2022년 이후에는 사교육비가 역대 최고치를 경신하며 가파르게 상승하고 있다.

결과적으로 수능 연계 정책의 효과는 공영방송사인 EBS를 '거대 출판 기업'으로 변모시킨 것밖에 없다. EBS는 수능 연계라는 독점적 지위를 활용해 초등, 중등, 고등 내신 교재와 일반 교양서 시장까지 출판 영역을 무분별하게 확장하고 있다. 출판계를 대상으로 한 설문에서 65.9퍼센트가 EBS의 초·중등 및 교양서 시장 점유율이 크다고 응답했으며, 52.4퍼센트는 이러한 사업 확장에 대해 부정적으로 평가했다.

공교육 생태계를 복원하려면 공교육에 '진짜 늑대'를 밀어 넣어야 한다. 나는 '진짜 늑대'란 바로 '교사들'이라고 본다. 예를 들어 강일고등학교 국어 교사인 윤혜정 선생은 약 20년을 EBS 대표 강사로 활약하며 사교육 못지않은 고품질 콘텐츠를 제공하고 있다. 이렇게 늑대 역할을 해줄 수 있는 교사를 선발하여 키우는 것이 공교육 생태계 복원의 첫걸음일 수 있다.

수시 전쟁:
무한대의 전형과 비빔밥

2007년부터 대입에서 입학사정관제가 시작됐다. 입학사정관제는 대학이 원하는 인재를 자신의 입맛에 맞게 선발하는 방식이다. 정부는 수능 중심의 정시전형이 과도하게 사교육비를 지출하게 한다고 판단했고, 대학들이 수시전형의 비율을 높이길 원했다. 하지만 대학들이 정부의 기대대로 움직이지 않자 특단의 조치에 나선 것이다. 입학사정관제는 학생 선발권을 대학에 넘겨준 것이나 다름없었고, 이때부터 대입에서 수시전형이 정시전형을 앞지르기 시작했다. 입학사정관제는 대입의 패러다임을 정시에서 수시로 바꾸는 게임 체인저 역할을 톡톡히 해냈다.

대치동에 날개를 달아준 입학사정관제

하지만 학문적 호기심, 다양한 경험, 리더십, 봉사정신, 자기주도적 학습역량 등 대학이 내세운 인재상은 학생 개인은 물론 공교육에서조차 대비하기 어려운 잣대였다. 학생과 학부모들은 혼란에 빠져들었다. 그리고 대치동은 불안의 냄새를, 그리고 이를 잠재울 해답을 누구보다 빠르고 정확하게 찾아내는 곳이었다.

대치동의 관점에서 입학사정관제는 대입의 본질을 실력에서 정보로 바꾼 것에 불과했다. 즉 대입의 열쇠는 "어떤 학생이 어떻게 선발되는가?"라는 정보였다. 순식간에 대치동의 핵심역량이 학습의 제공에서 정보 제공 서비스로 진화했다. 입시 컨설팅 학원에서는 학생 개개인의 이력을 대학의 입맛에 맞게 쌓아주고, 재단하고, 성형하기 시작했다.

입학사정관제는 정부가 대치동에 날개를 달아준 격이나 다름없었다. 정보란 쌓이면 쌓일수록 더 많은 수요자가 유입되는 선순환구조가 만들어진다. 그리고 대입과 관련하여 가장 많은 데이터가 쌓여 있는 곳은 대치동이었다. 입학사정관제 시행 이후 대치동은 거의 독점적 지위를 누릴 수 있었다. 독점은 초과이윤을 낳는다. 그래서 사교육비는 정부의 목적과 달리 오히려 늘어났다.

사교육비가 상승할 수밖에 없는 이유

그러자 정부는 입학사정관제의 얼굴에 학교생활기록부(이하 생기부)라는 가면을 씌웠다. 사교육비 상승과 입시 불공정의 원인을 학생들이 학교 밖에서 스스로 생산하는 자료에 있다고 판단하고, 앞으로 대학은 고등학교 교사들이 생산한 자료로만 평가하도록 제도를 손본 것이다.* 이후 교사는 생기부에 성적과 출결 이외에 교과 학습 발달상황, 학업관련 수상 경력, 교과 세부능력 및 특기사항(세특), 창의적 체험활동(창체), 독서활동상황, 행동특성 및 종합의견(행특) 등을 기재하게 됐다.**

하지만 학교 밖 경시대회가 교내 경시대회로 바뀐 것을 제외하면, 생기부 항목을 학생 스스로 학교 밖에서 생산했기 때문에 사교육에 의존하는 문제는 여전히 해결되지 않았다. 다시 정부는 학교 밖에서 생산할 수 있는 항목과 교내 쇼케이스로 전락한 경시대회 수상 실적을 대학에서 반영하지 못하도록 했다.***

---

* 생기부 기반의 수시는 성적을 주로 보는 '학생부교과전형'과 성적 이외의 것도 보는 '학생부종합전형(학종)'으로 구분된다.
** 교과 세부능력 및 특기사항: 해당 과목 교사의 역량과 수업 태도 평가.
창의적 체험 활동: 자율활동(회장, 부회장), 동아리활동, 진로활동.
행동특성 및 종합의견: 담임의 종합평가(교사추천서 역할).
*** 이현, '학종의 거짓말', 「오마이뉴스」 참조.

① 소논문 → 기재 금지 (2022학년도)

② 독서활동 → 도서명과 저자만 기재(2017학년도) → 반영하지 않음(2024학년도)

③ 봉사활동 → 봉사활동 실적만 기재(2019학년도) → 반영하지 않음(2024학년도)

④ 자율동아리 → 연간 1개만 기재(2022학년도) → 반영하지 않음(2024학년도)

⑤ 수상실적 → 학기당 1개만 반영(2022학년도) → 반영하지 않음(2024학년도)

결국 생기부에 기재되던 항목 중에서 정규 교육 과정 이외의 모든 비교과 활동이 폐지된 셈이다. 게다가 교사 추천서(2022학년도)와 '자소설'라는 비아냥까지 들었던 자기소개서(2024학년도)도 폐지됐다. 이제 대학이 볼 수 있는 자료는 몇 개 남아있지 않게 됐다. 성적과 출결, 학습 역량과 태도에 관한 교사들의 평가만으로는 대학이 원하는 인재를 선발하기 어려워졌다. 그 결과 대학이 면접과 논술, 수능 최저 등의 재료를 섞기 시작하면서 '비빔밥 전형'이 만들어졌다.

그런데 비빔밥 재료의 유무와 비율은 매년 바뀌었다. 수능 최저가 있다가 없어지기도 하고 교과의 반영 비율이 바뀌기도 했다.

매년 무한한 유형의 비빔밥이 만들어지고 사라지게 됐다. 그 결과 최상위권 학생조차 대학이 섞어대는 비율에 따라서 합격의 유불리가 크게 달라졌다. 학생과 학부모들은 정보 결핍에 시달리기 시작했다. 그래서 어떤 대학의 비빔밥이 자신의 입맛에 맞을지 리뷰를 찾아다니기 시작했다. 그리고 미슐랭급 리뷰 데이터는 다름 아닌 대치동에 가장 많이 있었다.

대입전형이 단순해져도, 대입전형이 복잡해져도 사교육비는 올라간다. 단순하면 전 국민이 참여해서, 복잡해지면 부자들의 돈을 더 써서 사교육비를 높인다. 나의 단순한 결론이다.

정부의 수능 코드화와
대치동의 수능 해킹

현재의 수능은 종종 루빅스 큐브 맞추기에 비유된다. 처음부터 해법을 하나씩 찾아가는 것이 아니라 이미 만들어진 풀이 알고리즘을 암기하고 적용해서 해결하는 방식을 취하기 때문이다.

그래서 가능해진 것이 '수능 해킹'이다. 이는 수능을 지식과 사고력을 측정하는 시험이 아니라, 예측 가능한 규칙과 패턴으로 이루어진 하나의 코드화된 시스템으로 간주하는 것에서 출발한다. 이 관점에서 수험생의 목표는 지문의 내용을 깊이 이해하거나 문제의 본질을 파악하는 것이 아니라 출제자의 의도와 문제 설계 원리를 역으로 추론하여 효율적으로 정답을 찾아내는 것이 된다. 이는 리버스 엔지니어링Reverse Engineering이라는 개념으로도 설명할 수 있다. 완성된 제품을 해체하여 그 내부 구조와 작동 원리를 파악하는 것처럼 기출문제를 철저히 분석하여 평가원의 출제 패턴과 함정 유형 등을 체계화한다는 뜻이다.

수능 해킹이 본격적으로 시작된 시점은 2014학년도 수능 이후다. 당시 정부는 학생들의 과도한 학습 부담을 줄이고 공교육을 정상화하겠다는 목적으로 세 가지 기본 목표를 내세웠다.

첫째, 과도한 시험 준비 부담이 없는 수능
둘째, 별도 사교육 없이 학교 수업을 통해 준비할 수 있는 수능
셋째, 교육과정 취지를 반영하여 고교 교육 정상화에 기여하는 수능

그러나 이 가운데 실현된 것은 하나도 없다. 사실상 수능 해킹이 발현될 수 있는 토양을 마련했을 뿐이다.

풀이하지 말고 프로토콜을 찾아라

수능 해킹은 '프로토콜Protokoll'이라는 구체적인 방법론을 통해 실행된다. 여기에서 프로토콜이란 특정 문제 유형에 맞닥뜨렸을 때, 깊은 고민 없이 기계적으로 따라야 할 일련의 절차와 규칙을 의미한다. 이는 극도의 긴장 상태인 시험장에서 인지 부담을 최소

화하면서 빠르고 정확하게 정답을 도출하기 위해 고안된 일종의 알고리즘이다.

대치동의 국어 강사들은 지문과 발문의 구조적 패턴을 분석하여 독해의 틀과 문제 풀이의 틀을 정립했다. 강사들은 특정 어휘나 문장 구조가 어떤 유형의 문제로 출제될지 예측해주고, 학생들은 이를 암기한 다음 그에 맞춰 반응하도록 훈련받는다. '문제가 무엇인가?'가 아니라 '무엇을 문제로 낼 수 있는가?'에 집중하는 것이다.

첫 번째 방식은 '구조 독해와 패턴 예측'이다. 지문을 파악할 때는 내용 자체보다 '문제 제기 → 해결책', '통념 → 반박', '비교/대조'와 같은 글의 구조를 먼저 파악한다. 예를 들어, 'A와 달리 B는'이라는 문장이 나오면 두 대상의 차이점을 묻는 선지가 나올 것을 예측하고 이후의 지문에서 차이점을 설명하는 정보에 집중한다.

두 번째 방식은 '개념어와 상황에 대한 기계적 반응 훈련'이다. 문학 작품이 지문으로 나올 때는 이별이나 귀향 등 특정 상황이 유발하는 정서나 태도를 드러내는 어휘에 예민하게 반응하도록 훈련한다. 비문학에서는 지문의 주제에 따라 자주 등장하는 논리 전개 방식을 미리 머릿속에서 설정하고 지문에 접근하게 한다. 예를 들어 경제 지문에서는 변수 간의 관계에, 법 지문에서는 요건과 효과에 주목하는 것이다.

수학 강사들은 길고 복잡한 개념적인 풀이 과정을 건너뛸 수 있는 효율적인 풀이 스킬이나 지름길을 가르친다. 대치동의 '어둠의 스킬'로 불리는 각종 공식이 그것이다. 예를 들어 '삼도극'이라는 공식은 미적분 삼각함수 단원의 고난도 도형 문제를 빠르게 풀게 해준다. 공식을 적용하지 않으면 거의 풀 수 없는 수준의 문제까지 쉽게 풀 수 있을 정도다.*

영어 강사들은 정답과 오답 선택지가 구성되는 원리를 분석하고 학생들은 그럴듯한 오답을 피하는 기술을 배운다. 또한 지문 전체를 이해하지 못하더라도 단락의 구조를 파악하여 필자의 주장을 빠르게 찾아내거나, 핵심 키워드 간의 관계를 통해 정답을 추론하는 훈련을 받는다.

이러한 프로토콜의 목표는 시험장에서의 순간적인 발상이나 영감에 의존하는 불확실성을 제거하고, 모든 문제 풀이 과정을 이전에 연습한 최적화된 프로세스로 전환하는 것이다. 이는 공부의 개념을 학습에서 훈련으로 바꾸어놓았다.

---

* 물론 공식이 적용되지 않는 경우가 있으며, 평가원은 그 지점을 공략하여 문제를 개발한다.

수능 해킹의 부작용

　수능 해킹이 가능해지면서 대치동의 시스템은 일타 강사 중심에서 대규모의 콘텐츠 공장으로 변화하고 있다. 대치동은 더 이상 단순한 학원가가 아니라 수능을 분석하고 예측하고 정복하기 위한 솔루션을 개발하는 거대한 콘텐츠 산업 단지로 변모했다. 강사의 역할은 이 시스템이 생산한 고품질의 콘텐츠를 학생들에게 효과적으로 전달하는 것으로 바뀌었다. 가치는 개인에서 시스템으로 이동했고 이는 대치동을 더욱 자본 집약적이고 진입 장벽이 높은 사교육 허브로 만들었다.

　생각하는 법이 아닌 답을 맞추는 법을 배우게 되는 수능 해킹의 방법론은 역설적으로 반교육적이다. 이는 학생들에게 문제의 본질과 복잡성을 깊이 파고드는 것이 아니라 손쉬운 해결책과 패턴을 찾도록 유도하기 때문이다. 이러한 훈련은 학생들이 비판적이고 창의적인 문제 해결 능력을 개발할 기회를 박탈한다. 또한 단편적인 문제 풀이와 즉각적인 피드백에만 익숙해진 학생들은 깊고 지속적인 사유에 어려움을 겪는 '팝콘 브레인'과 같은 부작용을 겪을 수도 있다.

　이와 같은 수능 해킹의 악순환을 끊기 위해서는 수능 체제를 수선하는 것을 넘어서 내신 평가와 공교육 패러다임 자체의 대전환이 필요하다. 이를테면 수능과 학교 내신 시험에 서술형과 논술형 문제의 비중을 획기적으로 늘리는 것이다. OCR로 답안지를 작성하는 것보다 훨씬 더 많은 시간과 돈을 들여야 하겠지만, 이처럼 평가의 방식이 바뀌지 않으면 사교육의 해킹은 계속될 것이기 때문이다.

대치동을 키우는
영어교육 정책의 역설

역사적으로 정부의 영어교육 정책은 일관되게 '실용성'을 주장했다. 그러나 실제로는 일관되게 '시험 영어'로 귀결됐다. 공교육이 학생들의 영어 공부에 상당한 시간과 돈을 투입했지만, 학생들은 대부분 영어로 간단한 의사소통조차 해내지 못한다. 심지어 대학교를 졸업한 이들조차 영어유치원에 다니는 대치동 키즈보다 영어 소통 능력이 떨어지는 실정이다. 이는 대학입시와 내신 시험 자체가 학생들에게 진정한 의사소통 능력을 키워주기보다는 시험을 위한 암기 위주의 학습을 강요하기 때문이다.

영어유치원에도 미치지 못하는 공교육의 영어교육 시간

1988년의 올림픽과 1997년의 외환위기 사태를 겪으며 대한민국 국민들은 우리가 세계의 일원임을 여실히 깨달았다. 그리고 세계의 공용어는 다름아닌 영어였다. 이후 정부는 영어 공부를 세계화의 수단으로 간주하고 다양한 정책과 프로그램을 선보였다. 그러나 이는 국민의 영어 실력을 키워주기보다는 사교육, 특히 대치동의 세력만 키우는 결과를 낳았다.

정부는 어릴 때부터 학생들에게 회화 중심의 영어를 학습시키고 장기적으로는 영어 공교육 자체를 의사소통 중심으로 꾸리고자 했다. 그래서 1997년이 되자 초등학교 3학년부터 정규 교육에 영어를 포함시켰다. 영어의 정규 교과 수업 시수는 3~4학년은 주당 2시간, 5~6학년은 주당 3시간이다. 1년 34주 수업을 기준으로 하면 3~4학년은 한 해에 136시간, 5~6학년은 한 해에 204시간을 영어 공부에 쏟게 된다.

그런데 이는 영어유치원 아이들이 1년 동안 영어에 노출되는 시간보다도 훨씬 적다. 영어유치원에서 52주 동안 하루 4시간씩 주 5일을 공부하면 한 해에 대략 1,000시간 정도 영어에 노출된다. 이는 심지어 초등학교 3학년부터 고등학교 3학년까지 10년간의 공교육 영어교육 총량인 732시간보다도 훨씬 많다. 즉 현재 공교육의 설계만으로는 정부가 원하는 수준의 영어 실력을 키우는 것도, 사교육의 수준을 넘어서는 것도 불가능에 가깝다.

초등영어 공교육 시스템의 허점과 한계로 인해서 영어유치원과 초등 저학년 대상의 영어 학원이 대치동을 중심으로 전국 학군지에서 속속들이 생겨나기 시작했다. 나도 이런 흐름 속에서 초등 저학년을 대상으로 하는 영어 프랜차이즈 회사의 전략 부문을 담당하기도 했다. 사실상 아이들이 영어로 자유롭게 의사소통하는 한국을 만들려는 정부의 꿈은 대치동을 비롯한 사교육이 대신 실현하고 있고, 초등영어 공교육은 사교육을 받지 못하는 학생들이 '영포자'가 되지 않도록 보호하는 정도로 그 역할이 축소됐다.

때릴수록 번성하는 사교육의 역설

이명박 정부는 국가영어능력평가시험National English Ability Test, NEAT을 추진하여 시행했다. NEAT로 수능 시험을 대체하면서 동시에 고등학교를 졸업하면 누구나 영어로 말할 수 있게 하겠다는 야심 찬 목적에서였다. 정부는 NEAT를 공교육에서 소화하면 영어 사교육이 줄어들거나 없어질 것이라 기대했다.

하지만 그러기 위해서는 교재와 교습 가이드라인과 평가 시스템을 마련해야 했으며 영어 교사들의 재교육도 필요했다. 적게 잡아도 10년 이상이 걸릴 이 초대형 프로젝트는, 정부의 임기 중에 마무리하기 위해 서둘러서 집행된 결과 고작 2년 동안 4회를 시행한 후 폐지됐다. NEAT 프로젝트는 371억의 개발비와 연간 운영비 30억 원 등 400억 이상의 세금을 낭비한 촌극으로 마무리됐다.

이 과정에서 대치동의 대응력만큼은 다시 한번 증명됐다. NEAT가 도입되자마자 대치동에는 NEAT 열풍이 불었다. 대치동 학원가는 이 거대한 변화를 위기가 아닌 '유례없는 기회'로 받아들였다. NEAT가 IBT 방식으로 컴퓨터를 통해 시험을 본다는 점에 착안하여 학원들은 발 빠르게 '최첨단 NEAT 전용관'과 '1인 1PC 헤드셋 부스' 등의 설비를 구축했다. 또한 말하기와 쓰기 평가에 대비한다는 명분으로 원어민 강사들을 대거 영입했다.

또한 정부가 제시한 NEAT의 평가 기준과 예시 문항을 철저히 분석하여 'NEAT 맞춤형 커리큘럼'을 발 빠르게 만들어냈다. 특히 주관식인 말하기와 쓰기 영역에서 고득점을 받을 수 있는 모범 답안의 틀까지 만들었다. 대형학원들은 자체적으로 NEAT 모의고사를 개발하고, 실제 시험과 유사한 환경에서 성적을 분석해주는 시스템을 구축했다.

이명박 정부의 NEAT 정책과 그에 대한 대치동의 대응은 정부 정책의 변화가 어떻게 사교육 시장의 새로운 동력이 되는지를 보여주는 대표적인 사례다. 대치동은 정부가 교육의 본질을 바꾸려 할 때마다 그 본질마저도 시험 기술과 상품으로 만들어내는 놀라운 생명력을 증명했다.

죽지 않는 히드라를 활용하는 방법

그리스 신화에는 영웅 헤라클레스가 12개의 과업을 완수하는 과정에서 히드라를 잡는 이야기가 등장한다. 히드라는 아홉 개의 머리를 가진 바다뱀으로, 여덟 개의 머리는 자르면 다시 두 개로 불어나고 마지막 하나의 머리는 아예 불사의 존재였다. 어쩌면 대치동은 8학군이라는 여덟 개의 머리와, 자본주의라는 불사의 머리를 가진 히드라인지도 모른다. 정부가 아무리 죽이려 노력해도 대치동은 그 강인한 생명력으로 위기를 기회로 만들며 오히려 번성했다.

그런데 죽여도 죽지 않는 대치동이라는 이 강력한 존재를 반드시 적대해야만 하는 것일까? 죽일 수 없다면 활용하는 것도 좋은 방법이다. 그리고 나는 지금까지 이 책에서 다뤄온 것처럼 대치동의 시스템을 분석하는 것이 그 방안을 찾는 출발점이라고 생각한다.

깎아지른 암벽이 나타나면 대치동 시스템은 반드시 사람들이 쉽게 걸어 올라갈 수 있는 비계를 건설한다. 그곳에 오르려는 사람들이 있기 때문이다. 문제가 주어지면 대치동은 늘 가장 효과적인 답을 가장 빠르게 찾아낸다. 그래야만 자신들의 가치가 증명되기 때문이다.

앞서 이야기한 것처럼 대치동은 지금 '의대 입학'이라는 최고봉을 오르려는 학생과 학부모들에게 자기 가치를 증명하고 있다. 그리고 의대 열풍은 국가적으로 커다란 부담이 되고 있다. 하지만 정부가 확실한 비전과 전망을 가지고 미래 국가 성장의 핵심 분야, 이를테면 AI, 로봇, 우주공학, 생명공학 등을 의대를 대신할 최고봉으로 제시한다면 대치동은 최고의 인재들을 가장 빠르고 확실하게 꼭대기로 데려다 놓을 것이다.

미래를 선도할 인재의 조건: DELTAs와 학생부종합전형

세계 최고의 컨설팅 회사, 맥킨지앤컴퍼니 Mckinsey & Company 는 2021년 6월에 15개 국가의 18,000명을 대상으로 고용, 소득, 직업 만족도 등과 상관관계가 있는 개인의 역량이 무엇인지 조사했다. 그리고 이를 「미래 변화에 대응하기 위한 필수 기본능력요소 제안 및 활용방안」이라는 제목으로 발표했다.

이 보고서에서 맥킨지는 미래 인재의 기본능력요소를 'DELTAs Distinct ELements of TAlents'라고 이름 짓고 인지능력, 셀프 리더십, 대인관계, 디지털 관련 역량 등 4개 카테고리로 분류한 다음 모두 56가지의 세부 역량을 제시했다.

[표 6-1]은 56가지 역량(이하 델타요소) 가운데 주요한 것들을 간

대분류	중분류	델타요소
인지 역량	비판적 사고	구조적인 문제 해결력 논리적 추론력
	계획 및 작업 방식	효율적인 작업 계획 수립 시간 관리 및 우선순위 설정 상황에 맞는 민첩한 사고력
	커뮤니케이션	스토리텔링 **메시지 종합 및 좋은 질문 하기** 적극적 경청
	사고의 유연성	**다양한 맥락으로 지식 전환** 자신과 다른 관점 채택 창의성과 상상력 **상황 적응력**
대인관계 역량	조직 관리	능력과 자질에 맞게 역할 분담 팀과 조직의 비전 제시 윈-윈 협상력
	개인 관계 관리	**공감과 신뢰 구축** 겸손과 매너
	팀워크	다름에 대한 포용력 **갈등 해결력** 적극적인 권한 위임
셀프 리더십 역량	자기 관리	자기 감정 통제 및 조절 셀프 동기부여 **웰니스(워라밸)**
	기업가 정신	위험 감수 변화와 혁신 주도 관행타파
	목표 달성 의지	주인의식과 결단력 끈기와 인내력 **불확실성 대처 능력**
디지털 역량	디지털 숙련도	**디지털 문해력** 디지털 협업 디지털 윤리
	소프트웨어 사용 및 개발	**데이터 분석 및 통계적 사고력** 알고리즘 사고력
	디지털 시스템 이해	**시스템의 구조 이해** 새로운 기술 트렌드 파악

[표 6-1] 36가지로 다시 정리한 맥킨지의 델타요소

추려 36가지로 정리한 것이다.

맥킨지의 보고서에 따르면 '고용 가능성'과 상관관계가 높은 델타요소는 첫째가 상황 적응력(24%), 둘째가 불확실성 대처 능력(18%), 셋째가 메시지 종합 능력(12%)으로 나타났다. '직업 만족도'는 셀프 동기부여(23%), 불확실성 대처 능력(20%), 자신감(20%) 순으로 상관관계를 보였다. '소득 수준'의 경우에는 디지털 역량에 포함되는 델타요소와 가장 밀접했다. 디지털 역량이 높은 사람이 소득 상위 20퍼센트에 속할 확률은 그렇지 않은 사람보다 무려 41퍼센트 더 높았다.

맥킨지와 최상위권 대학들이 인재를 평가하는 공통 기준

맥킨지가 인재의 역량을 구성하는 요소를 새롭게 제시한 이유는 분명하다. 이제까지의 전통적인 인재 평가 지표가 지금 시대에는 더 이상 통하지 않게 됐기 때문이다. 그리고 주목해야 할 사실은 최근 서울대, 고려대, 연세대 등 SKY로 불리는 최상위권 대학들이 수시 학생부종합전형에서 맥킨지의 델타요소와 유사한 평가 지표를 도입하고 있다는 점이다.

① 문제에 대처하는 태도와 능력을 본다

맥킨지와 최상위권 대학의 첫 번째 공통점은 수치화된 결과보다 내재된 역량과 태도를 종합적으로 평가한다는 것이다. 맥킨지는 학력과 자격증 같은 전통적 지표가 미래 성공을 예측하는 데 한계가 있음을 지적했다. 어떤 사람이 여태 무엇을 성취했는지보다 어떤 역량을 갖추고 어떻게 사고하는지가 앞으로의 성공 가능성과 더욱 밀접한 관련이 있다는 것이다. 마찬가지로 최상위권 대학들은 학생부종합전형에서도 내신 등급과 같은 정량적 점수만으로 학생을 평가하지 않는다. 서울대는 점수로는 드러나지 않는 학생의 역량, 예컨대 실험 설계 능력이나 특정 분야에 대한 강점을 세부능력 및 특기사항을 통해 파악하려 한다.

맥킨지와 최상위권 대학들은 모두 과거의 성과가 미래의 성공을 보장하지 않는다는 인식을 보여준다. 자동화와 AI가 인간의 역할을 재정의하는 시대에는 정형화된 지식보다 예측 불가능한 문제에 대처할 수 있는 근본적인 역량이 더 중요하다는 것이다.

② 스스로 성장하려는 의지와 능력을 본다

두 번째 공통점은 미래 인재의 핵심 역량으로 스스로 성장하는 능력을 꼽는다는 것이다. 델타의 4대 핵심 역량 중 하나인 셀프 리더십은 자기 관리, 목표 달성 의지 등 내면의 역량을 다룬다. 마찬가지로 서울대는 자기주도적 학습 경험, 지적 호기심, 탐구 의지, 도전적 태도를 핵심적으로 본다. 연세대 역시 자발적인 성취

동기와 목표 의식, 자기주도적 태도를 중요한 평가 요소로 삼는다. 고려대의 자기계발역량 또한 관심 분야에서 스스로 성장할 수 있는 능력을 평가하는 항목이다.

지식의 반감기가 짧아지는 시대에 대학 교육이나 입사 후 연수만으로는 성공적인 인재가 되기에 충분하지 않다. 맥킨지와 최상위권 대학들은 불확실한 환경에 적응할 수 있게 끊임없이 새로운 지식과 기술을 스스로 학습하고 자신의 성장을 주도하는 인재가 미래 사회의 리더가 될 것이라는 공통된 비전을 제시한다.

③ 사고력과 지식의 활용 능력을 본다

세 번째 공통점은 지식의 암기력보다는 이를 다양한 맥락에서 활용하는 능력을 높이 평가한다는 것이다. 델타요소의 인지 역량은 AI가 대체하기 어려운 인간 고유의 경쟁력으로서 구조화된 문제 해결, 논리적 추론, 창의성과 상상력 등을 포함한다. 서울대 또한 단순 암기가 아니라 개념을 깊이 있게 이해하고 그렇게 습득한 지식을 활용하는 사례를 평가한다. 고려대와 연세대 등 다수의 상위권 대학들이 공통적으로 강조하는 탐구 역량도 교과 활동을 통해 얻은 지식을 확장하여 창의적인 결과물을 산출하는 능력을 의미한다. 주어진 지식을 수동적으로 받아들이는 것을 넘어서 능동적으로 질문하고 해결책을 찾는 능력을 보려는 것이다.

이는 AI 시대에 우리에게 요구되는 역할 변화를 정확히 반영한다. 정답이 정해진 문제는 사람보다 AI가 더 잘 풀어낸다. 따라서 맥킨지와 최상위권 대학들은 모두 정답이 없는 복잡한 문제를 정의하고 다양한 지식을 융합하여 창의적인 해결책을 모색하는 고차원적 사고력을 미래 인재의 핵심 역량으로 간주한다.

④ 공동체에 대한 고려와 협업 능력을 본다

마지막 네 번째 공통점은 타인과 협력하고 공동체에 기여하는 능력을 필수적인 덕목으로 본다는 것이다. 델타요소의 대인관계 역량은 협업, 공감과 신뢰 구축, 포용성 증진, 갈등 해결 등을 포함하며, 맥킨지는 기술이 발전할수록 사회적, 정서적 기술의 가치가 더욱 중요해진다고 강조한다. 최상위권 대학의 학생부종합전형에도 공동체 역량이 핵심 평가 요소로 자리잡았다. 서울대는 리더십, 공동체 의식, 책임감, 사회적 약자에 대한 배려심을 평가하며, 고려대는 협업과 나눔의 정신을, 연세대는 나눔과 배려, 소통 능력, 협업 능력을 중요하게 평가한다.

현대 사회의 복잡한 문제들은 더 이상 한 명의 천재가 해결할 수 없다. 다양한 배경과 전문성을 가진 사람들과의 협업이 필수적이다. 맥킨지와 최상위권 대학들이 모두 공동체와 관계를 강조하는 것은 미래 사회가 개인의 성취뿐만 아니라 함께 성공을 만들어가는 능력을 갖춘 인재를 원한다는 명확한 신호다.

우리가 시스템을 사고해야 하는 이유

맥킨지와 최상위권 대학들이 인재를 평가하는 기준은 지금의 세상이 과거와 어떻게 달라졌으며, 앞으로 어떤 역량이 우리에게 필요해질 것인지 알려주는 매우 분명하고 확실한 표지판이다.

그런데 한 걸음만 더 생각해보자. 앞으로 최상위권의 모든 대학들이 입시에서 맥킨지의 델타와 같은 역량 평가 기준을 도입하면 사교육의 개입도 그에 비례해서 확장되고 정교해질 것이다. 대치동 컨설팅 학원들은 평가 기준이 바뀔 때마다 이를 가장 빠르고 정밀하게 분석하여 최적화된 솔루션으로 상품화해왔다. 이렇게 고도화된 컨설팅은 막대한 비용을 수반하므로 부모의 경제적 배경에 따른 교육 격차는 점점 더 커질 것이다.

또 학생들은 어려서부터 진로에 따라 설계된 '역량 프레임'에 맞춰 자신의 활동과 생각을 최적화하도록 훈련받을 것이다. 그러면 겉보기에는 완벽한 '델타형 인재'처럼 보이지만, 정작 맥킨지가 강조하는 '셀프 리더십'이나 '상황 적응력'같은 핵심 가치가 결여된 학생이 양산될 위험이 있다. 메도우즈는 이런 현상을 과잉 최적화Over-optimization라고 불렀다.

이처럼 스스로 역량을 길러낸 학생과 대치동에서 역량을 성형

한 학생의 구분이 모호해지면 대학들은 또다시 새로운 평가 기준을 만들어낼 것이고, 모든 과정은 처음부터 반복될 것이다. 평가 기준이 바뀐다 한들 세상은 달라지지 않는다. 이 게임에서 승리하는 방법이 '경쟁'이라는 본질 자체가 바뀌지 않았기 때문이다.

알베르트 아인슈타인Albert Einstein은 "같은 일을 반복하면서 다른 결과를 기대하는 것은 미친 짓이다."라고 말했다. 그저 계속해서 쳇바퀴를 굴리고 싶지 않다면 우리가 참여하고 있는 이 시스템 자체를 지금과 다른 무엇으로 만들 필요가 있다. 그리고 시스템을 바꿀 가능성도, 이것을 통해 우리가 더 나은 삶으로 나아갈 가능성도 시스템 자체를 파악하는 데서 출발한다. 지금까지 우리가 시스템이라는 관점으로 대치동을 살펴본 이유다.

학생과 학부모를 위한
대치동 활용 가이드

우리 아이에게 맞는
학원 선택법

대치동에서 모두에게 좋은 학원을 찾는 것은 어리석은 짓이다. 그런 학원은 애초에 존재하지 않는다. 찾아야 할 것은 우리 아이에게 가장 잘 맞는 학원이다. 이때 막연한 평판이나 불안감에 휩쓸려 선택하는 것은 실패로 가는 지름길이다. 성공적인 학원 선택은 다음의 3단계 과정을 통해 이루어진다. 이는 광범위한 정보 속에서 옥석을 가려내고, 최종적으로 가장 합리적인 결정을 내리기 위한 전략적 접근법이다.

1단계: 내 아이 분석

가장 먼저 할 일은 내 아이를 객관적으로 분석하는 것이다. 이는 모든 선택의 기준점이 된다.

● 기질 파악

아이의 성향을 파악하는 것이 가장 중요하다. 최상위권 학생들과의 치열한 경쟁 속에서 더 큰 동기부여를 얻는 아이가 있는가 하면, 따뜻한 격려와 지지 속에서 안정감을 느끼고 성장하는 아이도 있다. 경쟁을 즐기는 아이라면 대형 학원의 상위권 반이 적합하고, 위축되기 쉬운 아이라면 소수 정예의 과외식 학원이 더 나은 선택일 수 있다.

● 학습 스타일 진단

아이가 스스로 학습 계획을 세우고 실천하기를 바라는지, 아니면 숙제 검사부터 오답 관리까지 꼼꼼한 관리를 필요로 하는지 파악해야 한다. 학습 동기와 습관이 스스로 잡힌 학생은 일타 강사의 강의만으로도 충분한 효과를 볼 수 있지만, 그렇지 않다면 강의보다 밀착 관리가 더 시급하다.

● 학업 수준의 냉정한 평가

현재 아이의 학업 성취도를 정확히 파악해야 한다. 기초가 부족한 학생을 무리하게 최고난도 심화반에 밀어 넣으면 오히려 학습

의욕을 꺾고 자신감만 무너뜨릴 수 있다.

2단계: 레벨테스트의 전략적 활용

레벨테스트는 단순히 입학 가능 여부를 판단하는 관문이 아니다. 이는 학원의 교육 철학과 시스템을 가장 먼저 그리고 가장 객관적으로 확인할 수 있는 중요한 진단 도구다.

● 목적의 재정의

레벨테스트의 진짜 목적은 점수 확인이 아니라 아이와의 궁합 확인이다. 아이가 해당 학원의 수업 속도, 난이도, 문제 유형을 감당할 수 있는지를 가늠하는 첫 번째 시험대다. 레벨테스트는 학교 시험보다 훨씬 어렵게 출제되는 경우가 많아서 아이의 현재 실력을 전국 단위의 경쟁 속에서 객관적으로 파악하는 기회가 되기도 한다.

● 학원의 수준 평가

레벨테스트는 학원이 학생을 평가하는 수단이기도 하지만, 학생과 학부모가 학원을 평가할 기회이기도 하다. 테스트 후 제공되는 피드백의 질이 그 학원의 관리 수준을 보여준다. 단순히 점수와 등급만 통보하는 학원보다는 어떤 영역의 어떤 개념이 부족한지, 왜 틀렸는지, 앞으로 어떻게 보완해야 하는지를 구체적으로 분석해주는 학원이 좋은 학원이다. 이 피드백은 학부모가 얻을 수 있는 첫 번째 구체적인 데이터이며, 이를 통해 학원의 전문성과 학생에 대한 관심도를 엿볼 수 있다.

3단계: 상담과 질문을 통한 최종 검증

상담은 준비된 학부모가 학원을 평가하는 마지막 단계다. 아이에 대한 분석과 레벨테스트 결과를 바탕으로 구체적이고 핵심적인 질문을 던져야 한다. 예를 들어 "저희 아이는 1등을 못하면 잠을 못 잘 정도로 스트레스를 받는데요. 자꾸 점수가 안 나오는 과목만 파고들다 보니 잘하던 과목 점수도 조금씩 떨어지는 것 같아요. 여기서 이런 아이는 어떻게 지도하시나요?"처럼 구체적인 질문을 준비해야 한다. 핵심 질문으로는 다음과 같은 항목들을 뽑아볼 수 있다.

● 교수법

"우리 아이의 성향과 수준에 맞는 구체적인 지도 전략은 무엇입니까?"

● 관리 시스템

"과제 이행, 테스트 결과 피드백, 오답 정리는 어떻게 관리되나요?”

“학부모와의 소통은 어떤 주기와 방식으로 이루어지나요?”

● 교육 철학

“여기서는 강의를 통한 학습[量]과 학생 스스로 익히는 학습[質]의 비율을 어떻게 조절하고 있습니까?”

● 강사 관리

“강사들의 강의력은 어떻게 평가하고 유지하며, 강사별 수업 편차는 어떻게 관리합니까?”

이러한 3단계의 정보 정제 과정은 학부모를 유명세에 휩쓸리는 수동적 소비자에서 내 아이에게 맞는 최적의 파트너를 찾는 능동적 평가자로 바꾸어놓는다. 이 과정을 통해 내린 결정은 대치동이라는 복잡한 환경에서 성공의 확률을 극적으로 높여줄 것이다.

대치동이 구비한
촘촘한 로드맵

4세 고시나 7세 고시라는 용어, 그리고 생각하는황소가 실시하는 상당한 난이도의 입학테스트 등이 각종 언론과 SNS를 통해 퍼지면서 그것이 대치동 전체의 분위기인 것처럼 일컬어진다. 하지만 실상은 그렇지 않다. 대치동은 아이들의 성향(경쟁적인 환경에서 동기부여를 얻는지, 협력적인 분위기에서 안정감을 느끼는지 등)과 공부 스타일(독립적으로 과제를 해결하는지, 세심한 지도가 필요한지), 그리고 장·단기적인 목표(글로벌 인재가 목표인지, 수능 고득점이 최우선 과제인지) 등에 따라 다양한 로드맵을 가지고 있다.

영어

초등영어만 해도 유학 대비 로드맵, 특목고 진학 로드맵, 영어 노출 로드맵 등이 있으며, 각각의 로드맵마다 차별화된 특징을 가진 트랙이 여러 개 존재한다.

● 유학 대비 로드맵

해외 학교 진학이나 국제학교 준비를 목표로 스피킹과 프로젝트 수업 등 실제 영어 사용 능력을 키우는 것이 목적이다. 토론, 발표, 창의적 과제가 많아 미국식 수업 방식을 경험할 수 있다. 수업은 대부분 원어민 강사가 주도하고, 학생 가운데는 영어권에서 귀국한 리러니Returnee 학생들도 많다.

대치동 영어 학원들은 저마다 뚜렷한 지향점이 있다. 피아이PEAI는 '엘리트 지성', 렉스김은 '글로벌 리더', ILE는 '지루하지 않은 공부', 에디센은 '진짜 공부의 출발점', 트윈클은 '창의적 글쓰기', 띵킹은 '논리적 사유', 아이엔(IN)은 '미래 혁신가', 알파어학원은 '최고의 정점'을 목표로 삼는다. 렉스김 원장은 "우리는 한국의 1등을 만들려는게 아니다, 미국 학교에서 1등하는 아이를 만들려는 것도 아니다. 글로벌 리더를 만들려는 거다. 세상을 바꾸는 글로벌 엘리트로서 아카데믹 측면에서 탄탄하고 사회성 있는 아이로 교육한다."라며 자신의 교육철학을 피력한 바 있다.

● 특목고 대비 로드맵

외고나 영재학교 입시를 대비해 고난도 독해와 어휘, 문법, 에세이 쓰기를 집중 훈련한다. 문학 작품을 정독하고 논술식 글쓰기를 많이 하며, 어휘와 문법도 배운다. ILE, 덕스DUX, 해빛나인Habit9, 알파어학원 등이 여기에 속하며, 체계적인 커리큘럼과 레벨테스트로 시스템을 유지한다.

● 영어 노출 로드맵

일상 회화와 실용 영어 위주로 영어에 대한 흥미를 높이고 기본 의사소통 능력을 키우는 데 초점을 맞춘다. 주로 청담어학원, YBM, ECC 등 프랜차이즈 학원들이 원어민과 한국인의 팀티칭으로 말하기와 듣기를 자연스럽게 습득하게 한다. 다만 대치동에서는 상위권 학생들의 비중은 적은 편이다.

어떤 트랙이든 초등 고학년부터는 중학교 내신 대비를 위해 문법과 어휘를 공부하는 학원으로, 중학생부터는 고등내신과 수능을 위해 쓰기와 비문학 독해를 배울 수 있는 학원으로 전환한다.

수학

초등수학은 목표와 성향에 따라 크게 세 가지 로드맵이 만들어져 있다.

● 생각하는황소 고시 로드맵

강한 집념과 경쟁심을 가진 학생들을 대상으로 한다. 초등 저학년 때는 필즈에서 사고력과 빠른 교과 선행의 두 마리 토끼를 잡는다. 필즈를 다니면서 다른 학원의 '(생각하는)황소 대비 특강'을 수강하기도 한다. 일단 생각하는황소에 입학하면 그 혹독한 시스템에 의해 문제 해결 능력을 극한으로 끌어올리게 된다. 이후 KMO 전문 학원을 거쳐 영재교나 과학고에 진학하는 경우가 많다.

● 체계적인 학습 로드맵

꾸준하고 안정적인 성취를 원하는 학생을 대상으로 한다. 초등 저학년 때는 소마나 CMS에서 생각하는 힘을 다지고, 초등 고학년부터 깊은생각이나 파인만 등에서 체계적인 교과 심화 학습을 시작한다. 이 경로는 생각하는황소 트랙에 비해 변동성이 적고, 장기적인 관점에서 꾸준히 실력을 쌓아가는 데 유리하다. 이들은 중학교 때 고등 과정을 거의 끝낸 다음 특목고나 자사고에 진학하여 내신 최상위권을 노린다.

● 맞춤형 성장 로드맵

개별적인 케어가 필요한 학생을 대상으로 한다. 이들은 주로 첫 번째 트랙이나 두 번째 트랙에서 여러 가지 이유로 이탈한 학생들이다. 주로 짱솔과 같은 개별진도 학원에 다니면서 학원의 학습 속도가 아니라 자신만의 학습 속도와 분량에 맞춰 커리큘럼을 유연하게 조절한다. 개별진도 학원에서 부족할 수 있는 경시 대비나 특정 단원 심화는 다른 학원의 방학 특강이나 단기 수업을 통해 보완한다.

이처럼 대치동은 마치 서울시의 지하철 노선이 종횡으로 시내를 빈틈없이 채우는 것처럼 여러 학원들이 학부모와 학생들의 디테일한 니즈를 빠짐없이 충족시켜주고 있다.

초·중·고 과목별 학원 선택 가이드

국어

최근 대치동 국어 교육의 핵심 화두는 근본적인 문해력 강화에 있다. 특히 수능에서 변별력을 가르는 핵심 영역이 된 비문학 지문에 관한 깊이 있는 분석과 추론 능력이 강조된다. 이에 따라 학원들은 문학, 비문학, 문법, 화법과 작문, 그리고 논술까지 국어의 모든 영역을 아우르는 통합적이고 체계적인 커리큘럼을 제공하는 추세다. 형태는 내신과 수능이라는 두 가지 목표를 동시에 달성하기 위해, 장기적인 수능 대비 정규 과정과 특정 기간에 집중하는 학교별 내신 대비 과정이 병행 운영되는 것이 일반적이다.

대표적인 대치동 국어 과목 학원들과 각각의 특징은 다음과 같다.

● 산김영준국어논술전문학원

초등부터 고등까지 전 학년을 아우르는 체계적인 커리큘럼으로 명성이 높은 대치동의 대표적인 대형 국어 학원이다. 문학, 비문학, 논술 등 국어의 전 영역을 포괄하는 자체 교재의 완성도가 높고, 내신과 수능을 모두 대비하는 전문화된 강좌를 운영한다.

수강생 후기에 따르면 체계적인 커리큘럼과 양질의 교재가 가장 큰 장점으로 꼽힌다. 김영준 원장을 비롯한 강사진의 강의력에 대한 만족도도 높으며, 학교별로 세분화된 내신 대비와 무료 클리닉 같은 풍부한 추가 학습 자료가 강점이다.

다만 대형학원인 만큼 개인 관리 부족이 주된 약점으로 꼽힌다. 특히 중등부의 경우 한 반에 50명에 달하는 인원으로 인해 학생 개개인에 대한 세심한 케어가 어렵다.

따라서 이 학원은 학업적 독립성이 높고 풍부한 자료와 체계적인 시스템을 활용하여 스스로 학습을 이끌어갈 수 있는 중·고등학생에게 가장 적합하다.

● 이도국어학원

고난도 수능 국어, 특히 비문학 지문 분석과 근본적인 독해력 향상에 강점을 보이는 학원이다. '물을 채우는 공부가 아니라 그릇을 키우는 공부'라는 교육 철학을 내세운다. 그래서 문제 풀이 기술보다는 독해력과 논리적 사고력을 배양하는 데 중점을 둔다.

꼼꼼하기로 소문난 원장의 직강을 포함해 강의의 질이 매우 높다는 평이다. 엄격한 학사 관리와 함께 지문 분석과 같은 국어의 본질적인 실력을 키우는 데 탁월하다.

그러나 타 학원에 비해 수강료가 비싼 편이며, 한 반의 인원이 많다. 등록 과정이 복잡하고 대기 기간이 길어 진입 장벽이 높다는 점도 단점으로 꼽힌다.

이 학원은 수능에서 최상위권 점수를 목표로 하는 고등학교 2~3학년 및 N수생에게 최적의 선택이다. 강도 높은 학습 환경을 감당할 준비가 된 학생에게 추천된다.

● 마루국어학원

1:1 또는 1:2 과외식 수업을 통해 철저한 개인 맞춤형 교육을 제공한다. 학생의 내신 및 수능 준비 상태와 취약점에 따라 커리큘럼을 유연하게 조정할 수 있으며, 수업 시간 외에 의무적인 관리형 자습을 병행하는 경우가 많다.

학생 개인에게 온전히 집중하는 수업 방식으로 취약 영역을 집중적으로 공략하여 단기간에 성적을 높이는 데 효과적이다. 짜임새 있는 프로그램과 학부모와의 적극적인 소통도 높은 평가를 받는다.

그렇지만 개인 지도 방식의 특성상 수강료가 상대적으로 높으며, 의무 자습과 같은 관리 시스템이 모든 학생에게 적합하지 않을 수 있다.

이 학원은 대형 강의에 적응하지 못하거나 특정 영역에 뚜렷한 약점이 있어 집중적인 교정이 필요한 학생에게 가장 효과적인 대안이다.

● 기파랑문해원

초등학생과 중학생을 대상으로 장기적인 관점에서 수능 국어의 토대가 되는 근본적인 문해력을 기르는 데 특화된 학원이다. 촘촘하고 엄격한 관리로 유명하며, 커리큘럼은 글쓰기, 문법, 어휘, 문학, 비문학을 모두 포함한다.

수능 국어를 완벽하게 대비시킨다는 목표 아래, 국어의 모든 영역을 체계적으로 다루는 종합적인 커리큘럼을 자랑한다. 과제 완성도나 테스트 결과가 기준에 미치지 못하면 클리닉을 통해 끝까지 관리하는 시스템이 강점이다.

다만 프로그램의 강도가 매우 높아 '한 달 만에 그만두는 아이들이 많다.'라는 평이 있을 정도로 진입 장벽이 높다. 모든 학생이 소화하기에는 부담스러울 수 있다.

이 학원은 장기적인 안목으로 최상위권 국어 실력을 만들고자 하는 초등 고학년 및 중학생, 그리고 강도 높은 학습을 기꺼이 감수할 수 있는 학생에게 추천된다.

● 유현주국어

대성마이맥, 스카이에듀 등 대형 온라인 플랫폼 경력을 가진 스타 강사가 직접 운영하는 학원이다. 안전하고 탄탄하게 1등급에 이르는 길을 표방하며, 우수한 콘텐츠와 1:1 클리닉을 결합하여 스타 강사의 강의력과 개별 관리의 장점을 모두 제공한다.

● 홍문학원

오래전부터 학부모 커뮤니티에서 언급된 전통 있는 학원으로 오랜 기간 안정적으로 운영되며 내신 대비에 강점이 있다고 알려져 있다.

● 경원학원

홍문학원과 마찬가지로 대치동에서 오랜 기간 운영되어 온 지역 기반 학원으로 꾸준하고 안정적인 내신 관리를 원하는 학생들에게 적합하다.

● 대치청출어람

재수생 전문 종합반이지만, 10명 내외의 국어 소수 정예반과

1:1 클리닉 시스템은 대치동 전체의 학생 관리 트렌드에 영향을 미치는 모델이다.

지금까지 알아본 각 학원의 강점 및 단점 그리고 적합한 학생의 유형에 따라 국어 과목의 학년별 로드맵을 구성한다면 다음과 같다.

● 초등학생

학습 흥미를 유발하면서 기초를 다지는 것이 중요하다. 장기적인 최상위권을 목표로 한다면 기파랑문해원이 도전적인 선택이 될 수 있다. 균형 잡힌 접근을 원한다면 산김영준국어논술의 초등부 정규반이 적합하다.

● 중학생

목표에 따라 선택이 달라진다. 최상위권 내신 관리가 목표라면 학교별 내신반을 운영하는 산김영준국어논술이 강력한 선택지다. 이른 수능 대비와 근본적인 독해력 향상을 원한다면 이도국어나 기파랑문해원이 좋다. 특정 영역에 어려움을 겪는다면 마루국어의 맞춤형 지도가 효과적이다.

● 고등학생

1학년 시기에는 내신의 중요성이 크기 때문에 산김영준국어논술처럼 학교별 내신반이 잘 갖춰진 대형 학원이 유리하다. 2학년부터는 본격적인 수능 대비 체제로 전환되므로 수능 전문 학원인 이도국어가 최적의 선택이 될 수 있다. 대형 학원의 진도를 따라가기 벅찬 학생에게는 마루국어가 좋은 대안이다.

과학

대치동 과학 학원 시장은 국어보다 훨씬 더 세분화되고 전문화된 경로를 제시한다. 교육과정은 크게 중등 내신, 고등 통합과학, 수능 과학탐구 I/II, 그리고 최상위권 학생들을 위한 영재교/과학고/올림피아드 트랙으로 나뉜다.

이 시장을 이해하는 핵심은 '조기 전문화 경로'의 존재를 인지하는 것이다. 예를 들어 '시리우스'나 '플라즈마'와 같은 학원들은 초등학교 고학년 또는 중학교 때부터 영재교 입시와 올림피아드를 목표로 하는 학생들을 위해 고도로 전문화된 커리큘럼을 운영한다. '미래탐구'나 '다원교육' 같은 대형학원들 역시 별도의 영재관을 두어 이 수요에 대응하고 있다.

이는 초·중학생 자녀를 둔 학부모에게 중요한 전략적 분기점을 제시한다. 일반적인 내신 및 수능 대비 트랙을 따를 것인지, 아니면 높은 수준의 수학·과학적 재능을 바탕으로 영재교·과학고 입시라는 엘리트 트랙에 도전할 것인지를 비교적 이른 시기에 결정해야 한다. 두 트랙의 커리큘럼은 중학교 단계부터 현저하게 달라지기 때문에 나중에 엘리트 트랙으로 전환하는 것은 거의 불가능에 가깝다. 따라서 자녀의 과학 적성과 흥미를 조기에 면밀하게 관찰하고 장기적인 목표를 설정하는 것이 과학 학원 선택의 가장 중요한 전제 조건이 된다.

대표적인 과학 과목 학원들과 각각의 특징은 다음과 같다.

● 미래탐구

과학 및 영재 교육에서 출발하여 현재는 전 과목을 아우르는 거대 교육 기업으로 성장했다. 대치동에만 고등센터, 중등센터, 특목센터 등 다수의 전문관을 운영하며, 특히 내신 대비에 강점을 가진 것으로 알려져 있다.

모든 과학 과목과 학년 수준을 포괄하는 폭넓은 프로그램이 장점이다. 높은 브랜드 인지도를 갖고 안정적인 시스템을 제공하며, 중등 과학을 처음 시작하는 학생들에게 좋은 선택지로 꼽힌다.

다만 대형 학원의 특성상 개인별 관리가 부족할 수 있으며, 영재 교육에 초점이 맞춰져 있어 일반적인 내신 대비를 원하는 학생과는 목표가 맞지 않을 수 있다.

이 학원은 안정적이고 검증된 시스템을 선호하는 모든 학년의 학생에게 적합하다. 특히 중학생이 과학 공부를 시작하거나 고등학생이 탄탄한 내신 관리를 원할 때 추천된다.

● 다원교육*

시대인재와 비견될 만큼 대치동에서 막강한 영향력을 가진 대형 학원으로, 수학과 과학에서 시작해 종합 학원으로 확장했다. 영재관과 자사고 및 특목관 등 목적에 따른 전문관을 운영한다.

중등 과학 프로그램의 명성이 높으며, 초등학생이 중등 과학을 과도한 부담 없이 시작할 수 있는 좋은 진입점을 제공한다.

물론 대형학원의 특성 상 학생 개개인에 대한 피드백이나 관리가 아쉬울 수 있다.

이 학원은 중등 과학 내신 대비 및 심화 과학 개념의 입문 플랫폼으로서 강력한 선택지다.

● 시리우스학원

영재교 및 과학고 입시, 그리고 물리, 화학, 생물 올림피아드 대비에 특화된 최상위권 전문 학원이다. 특히 물리 분야에서 독보

---

* 2023년 4월에 시대인재에 인수되었다.

적인 명성을 가지고 있으며, 매우 깊이 있고 체계적인 커리큘럼을 자랑한다.

자체 교재의 완성도가 높고, 서울대, KAIST 등 최상위권 대학 출신의 전문 강사진이 포진해있다. 온라인과 오프라인 수업을 병행하여 학습 편의성이 높다.

그러나 일반적인 과학 교육 과정과는 완전히 다른 엘리트 트랙에만 집중하므로 내신 대비를 원하는 학생에게는 적합하지 않다.

이 학원은 영재교나 과학고 진학이라는 명확한 목표를 가진, 학업적으로 뛰어난 초등 고학년 및 중학생에게 가장 적합하다.

● 플라즈마학원

영재교, 의·치대, SKY 대학 진학을 목표로 하는 최상위권 학생들을 위한 학원이다. 중등 과학의 기초를 다지는 '물화생지'반부터 입반레스트가 필요한 박세일 강사의 중등 심화 사고력 수업까지 다양한 수준의 심화 과정을 제공한다.

엘리트 트랙 학원 중에서는 드물게 꼼꼼한 개별 관리와 피드백 시스템을 갖추고 있다는 점에서 차별화된다. 결석 시 보강 등 학생 지원도 충실한 편이다.

그러나 일부 학생에게는 진도가 너무 빠를 수 있으며, 최상위 영재 프로그램이 초등 저학년부터 개설되지 않아 경쟁 학원 대비 시작이 늦어질 수 있다.

이 학원은 엘리트 트랙을 목표로 하면서도 세심한 관리와 지원을 필요로 하는 학생에게 시리우스의 좋은 대안이 될 수 있다.

● 대치이강학원

과학탐구 영역의 인지도 높은 스타 강사들을 다수 영입하여 강사 선택의 폭이 넓은 단과 중심 학원이다.

● 파인만학원

체계적인 올림피아드 대비 과정과 클리닉 시스템을 갖춘 전통의 과학 강자다.

● 선경어학원

문과 계열을 떠올리게 하는 이름과 달리 과학 과목에서 학부모 커뮤니티 내 후기 수가 가장 많을 정도로 높은 인지도를 자랑한다.

● 새움학원

방학 특강 등 다양한 단기 프로그램을 활발하게 운영하며 학생들의 필요에 빠르게 대응한다.

● 미래영재학원

서울대나 카이스트 심층 대비, 과학고 내신 프로그램 등 영재교
및 과학고 트랙에 특화된 프로그램을 운영한다.

● 야누아학원

'이해 중심, 암기 없음'을 표방하며 화학 올림피아드, AP/IB 화
학 등 화학 과목에 대한 깊이 있는 전문성을 제공한다.

● 유준형화학

온라인 강의와 오프라인 학원을 병행하며 화학 기초부터 심화
까지 폭넓은 커리큘럼을 제공하는 화학 전문 학원이다.

● 잔디학원

서울대 박사 출신 강사진이 물리와 화학을 전문적으로 지도하
며, 영재교 및 과학고 입시 관련 정보를 제공한다.

지금까지 알아본 각 학원의 강점 및 단점 그리고 적합한 학생
의 유형에 따라 과학 과목의 학년별 로드맵을 구성한다면 다음
과 같다.

●초등학생

과학에 대한 흥미를 유발하는 것이 최우선 과제다. 엘리트 트랙을 조기에 시작하고자 한다면 시리우스가 최상의 선택이다. 덜 부담스러운 입문을 원한다면 다원교육의 프로그램이 적합하다.

●중학생

전략적 선택이 가장 중요한 시기다. 일반 내신 트랙에서는 다원교육과 미래탐구가 가장 안정적이고 강력한 선택지다. 엘리트 영재교 트랙에서는 독립적이고 도전적인 학생이라면 시리우스를, 체계적인 관리와 지원이 함께 필요한 학생이라면 플라즈마를 추천한다.

●고등학생

통합과학 내신 대비에는 전통의 강자인 미래탐구가 유리하다. 수능 선택과목 대비를 위해서는 미래탐구와 다원교육 모두 스타 강사들의 다양한 단과 강좌를 제공한다. 과학고 재학생들은 심화 내신 관리를 위해 플라즈마를 활용하기도 한다.

수학

대치동 수학 학원들은 각기 다른 생존 영역을 통해 시장을 분

할하고 있다. 시대인재는 '콘텐츠', 깊은생각은 '시스템', 생각하는 황소는 '사고하는 습관'을, 메이드수학은 '맞춤'을 핵심 가치로 삼는다.

대표적인 수학 과목 학원들과 각각의 특징은 다음과 같다.

● 시대인재

대치동 최상위권 학원 시장의 절대 강자로, 그 핵심 경쟁력은 타의 추종을 불허하는 독보적인 자체 제작 콘텐츠에 있다. 시대인재의 시스템은 실제 수능보다 더 까다롭고 새로운 경향을 반영한 콘텐츠를 시기별로 공급하여 학생들을 단련시키는 데 초점이 맞춰져 있다. 시대인재에 등록한 학생은 높은 수준의 경쟁 환경 속에서 학습 동기를 유지하고 실전 감각을 극대화할 수 있다. 콘텐츠 구성은 아래와 같다.

- 플로우Flow: 평가원 기출 문항과 이를 변형한 고품질 문제로 구성된 실전 기출 분석서.
- 브릿지Bridge: 킬러 문항을 제외한 고배점 4점짜리 준킬러 문항 중심의 하프 모의고사.
- 엑셀러레이터Accelerator: 특정 유형 및 주제 집중 공략용 N제 형식의 문제집.

– 숏컷Shortcut: 파이널 숏컷은 매주 한권씩 제공되는 주간지 형태의 N제로 6주 동안 제공.

– 서바이벌Survival: 시대인재의 상징과도 같은 최고난도 실전 모의고사. 실제 수능보다 어렵게 설계되어 실전에서의 문제 해결 능력과 멘탈 관리 능력을 극한으로 끌어올림.

시대인재는 시스템 자체가 학생의 높은 자율성을 전제로 하므로 개인별로 디테일한 관리가 부족할 수 있다.

따라서 이 학원은 자기주도 학습 능력이 뛰어나고 이미 상위권 실력을 갖춘 상태에서 최고 수준의 콘텐츠를 통해 수능 만점을 맞고자 하는 고등학생 및 N수생에게 가장 적합하다.

● 깊은생각

1997년부터 시작된 유서 깊은 학원이이다. 자체 개발 교재와 정기적인 시험을 통해 개념, 유형, 고난도 실전 대비를 아우르는 시스템을 구축하고 있다.

대치동 내에서도 매우 정교하고 엄격한 레벨 시스템을 갖추고 있다. 대치동 학생들 사이에서는 자신의 실력을 객관적으로 가늠하는 척도이자 통과 의례로 여겨질 정도다. 매 수업 시작 테스트, 월간 평가, 분기별 인증 평가 등 잦은 시험을 통해 학생의 성취도를 지속적으로 점검하고 학습 동기를 부여한다.

그러나 최상위 레벨과 그 이하 레벨 간의 강사진 수준 및 학생 만족도에 차이가 크다는 평이 있다. 또 수강생이 많아 수업 중 즉각적인 질의응답이나 세심한 관리를 기대하기 어렵다.

이 학원은 명확한 단계 상승을 목표로 경쟁적인 분위기 속에서 꾸준히 실력을 쌓아나가길 원하는 체계구축형 학습자에게 가장 효과적이다.

●생각하는황소

극심화 학습으로 명성이 높은 학원으로 매우 도전적인 커리큘럼을 운영한다. 학생이 어려운 문제 하나를 오랜 시간 동안 스스로 고민하고 해결하도록 유도하는 방식을 고수한다. 강사의 역할은 직접적인 강의보다는 학생의 사고 과정을 견인하는 데 초점을 맞춘다.

중요 개념과 유형을 설명하고 그것을 이용하여 더 어려운 문제를 스스로 해결하는 훈련을 통해 수학적 사고력 자체를 향상시킨다.

하지만 즉각적인 피드백을 하지 않기 때문에 어려운 문제 앞에서 쉽게 좌절하는 학생에게는 맞지 않을 수 있다. 정해진 진도나 빠른 선행보다 깊이 있는 탐구를 중시하므로 속도감 있는 학습을 선호하는 학생에게는 답답하게 느껴질 수 있다.

이 학원은 수학적 재능이 뛰어나고 끈기가 있으며, 도전적인 과제를 즐기는 초·중등 상위권 학생에게 최적화되어 있다.

● 메이드수학

소수 정원으로 담임 강사가 조교 없이 1:1 과외식으로 직접 지도한다. 학생의 성취도에 따라 진도, 속도, 교재 난이도를 자유롭게 조절할 수 있어 취약점 보완에 매우 효과적이다. 대형 강의에 적응하지 못하거나 특정 단원에 뚜렷한 약점이 있어 집중적인 교정이 필요한 학생에게 가장 효과적인 대안이다.

● CMS

생각하는황소와 함께 대치동 초등 수학의 양대 산맥으로 꼽힌다. 토론, 발표, 프로젝트 등 다채롭고 창의적인 접근 방식을 통해 수학적 사고력을 자극한다. 교과 과정과 창의적 문제 해결을 균형 있게 경험하고자 하는 학생에게 적합하다.

● 엠솔

빠른 속도의 학년별 선행 학습에 중점을 둔다. 영재관, 경시관, 중등관 등 목적에 따라 분화된 캠퍼스를 운영하며, 개념원리, 최상위수학 등 검증된 교재와 자체 콘텐츠를 혼합하여 사용한다. 체계적인 시스템 안에서 빠른 교과 진도를 소화할 수 있는 학생에게 유리하다.

●수학에미친사람들

한 반 최대 인원을 4명으로 제한하는 극소수 정예 모델을 채택하여 학생별 맞춤형 진도 관리를 제공한다. 메이드수학과 마찬가지로 높은 수준의 개인화된 지도가 필요한 학생에게 적합하다.

지금까지 알아본 각 학원의 강점 및 단점 그리고 적합한 학생의 유형에 따라 수학 과목의 학년별 로드맵을 구성한다면 다음과 같다.

●초등학생

수학에 대한 흥미와 사고력의 기초를 다지는 시기로, 창의적 접근을 선호한다면 CMS, 깊이 있는 문제 해결을 경험하고 싶다면 생각하는황소가 적합하다.

●중학생

목표에 따라 선택이 갈리는 시기다. 체계적인 내신 관리와 단계적 성장을 원한다면 깊은생각이 효과적이다. 특정 영역에 어려움을 겪는다면 메이드수학의 맞춤형 지도가 좋은 선택이 될 수 있다.

● 고등학생

내신과 수능을 동시에 잡아야 하는 시기다. 1~2학년 때 깊은생각의 상위 레벨에서 경쟁하며 실력을 다진 후, 3학년 때 시대인재로 옮겨 최상위권 콘텐츠로 수능을 마무리하는 것이 일반적인 성공 공식으로 여겨진다.

영어

대치동의 영어 교육 시장은 두 개의 뚜렷한 축으로 나뉜다. 초등 및 중등 저학년 시기에는 종합적인 실력 향상을 목표로 하는 어학원이 중심이다. 그러나 중등 고학년으로 올라가면서 내신과 수능이라는 구체적인 시험의 압박이 커지면 상황이 달라진다. 이 시험들은 복잡한 문법 지식, 특정 유형의 독해 전략 등 매우 기술적인 능력을 요구하기 때문에, 단순히 영어를 유창하게 구사하는 것만으로는 고득점을 보장하기 어렵다. 바로 이 지점에서 함영원과 같은 시험 대비 전문 학원들의 필요성이 대두된다. 이들은 영어를 가르친다기보다 영어 시험의 기술을 가르친다. 에이닷은 여기서 한 걸음 더 나아가 개인 맞춤형 모델을 제공한다. 시험 대비 과정에서도 학생마다 다른 어려움을 개별적으로 해결해야 한다는 시장의 요구를 반영한 결과다.

대표적인 영어 과목 학원들과 각각의 특징은 다음과 같다.

● ILE어학원

대치동을 대표하는 전통의 어학원으로 4대 영역을 체계적으로 아우르는 커리큘럼으로 정평이 나 있다. 입학시험은 속도가 빠른 리스닝 파트를 포함하여 종합적인 실력을 요구하며 난도가 높기로 유명하다. 시험 결과에 대해 구체적인 수치와 그래프를 통해 데이터 기반의 상세한 피드백을 제공하는 것이 특징이다.

이 학원은 유학이나 특목고 진학을 목표로, 장기적인 관점에서 흔들림 없는 최상위권 영어 실력을 쌓고자 하는 초·중학생에게 적합하다.

● DYB최선어학원

대치동을 비롯해 여러 지역에 캠퍼스를 둔 대형 브랜드로, 초·중·고등부를 아우르는 일관된 시스템을 자랑한다. 특히 중등부 프로그램은 학교 시험 관리가 매우 체계적인 것으로 유명하며, 정규 커리큘럼과 내신 대비가 유기적으로 연계되어 있다.

이 학원은 초등 시기부터 하나의 검증된 시스템 안에서 꾸준히 학습하며, 특히 내신 성적 관리를 중요하게 생각하는 중학생에게 매력적인 선택지가 된다.

- ● 함영원영어학원

18년의 역사를 가진 대치동의 터줏대감으로, 오직 내신과 수능 대비에만 집중하는 전문 학원이다. 재원생들이 꾸준히 최상위 성적을 유지하며, 실질적인 점수 향상 효과가 매우 뛰어나다는 평가가 많다. 자체 제작한 어휘 및 문법 교재를 핵심 무기로 사용한다.

이 학원은 오직 학교 시험과 수능 영어 점수를 단기간에 극대화하는 것이 목표인 중·고등학생에게 가장 적합하다.

- ● 에이닷

온라인 강의와 1:1 대면 코칭을 결합한 독특한 시스템으로 차별화를 꾀하는 학원이다. 이 시스템은 학생 개개인의 취약점을 정확히 진단하고 집중적으로 공략하도록 설계되어 있다. 그래서 특정 점수대에서 정체기를 겪는 학생들에게 돌파구를 마련해준다는 평가를 받는다.

이 학원은 기존 대형 강의식 수업에 적응하지 못했거나 자신의 약점을 보완할 개인화된 학습 계획과 피드백이 절실한 학생에게 최적의 대안이 될 수 있다.

● 강한영어

특목고와 자사고 등 최상위권 학생들을 대상으로 '메타인지 튜터링 시스템'이라는 차별화된 교육법을 제공한다. 이는 개인 과외의 맞춤형 지도와 학원의 체계적인 관리를 결합한 형태로, 우수한 학생을 최고의 학생으로 만들기 위한 심화 학습에 최적화되어 있다.

● 이언어학원(YEP)

입학테스트가 어렵고 과제량도 많고 커리큘럼의 난도도 높다. 하지만 이를 소화할 수 있는 학생에게는 확실한 실력 향상을 보장한다. '이언고사'라는 자체 정기 시험을 통해 학생들의 성취도를 지속적으로 점검하며 높은 학업 기준을 유지한다.

● MI어학원

초등학생 대상의 체계적인 레벨별 학습을 전문 분야로 하는 학원이다. I, S, M, 그리고 최상위 MI 레벨로 구성된 명확한 단계별 커리큘럼을 통해 초등학생들에게 체계적인 성장 경로를 제시한다. 정기적인 월간 및 중간 평가를 통해 학생의 성취도를 객관적으로 측정하고 레벨 조정을 진행함으로써, 학생과 학부모가 학습 목표와 현재 위치를 명확하게 인지할 수 있도록 돕는다.

● GKI어학원

GKI는 하나의 주제를 중심으로 4대 영역을 통합적으로 가르치는 '통합언어교육' 방식을 채택하고 있다. 특히 문법의 직접적인 주입보다는 문맥 속에서 의미를 파악하는 독해 능력 함양에 중점을 둔다. 이는 장점이자 단점이 될 수 있다. 온라인과 오프라인 학습을 병행하며 자체 관리 시스템GEMS을 통해 학생의 학습 과정을 추적, 관리한다.

● 프린스턴리뷰

미국 및 해외 명문대 진학을 목표로 하는 학생들에게 AP, SAT 등 표준화 시험에 대한 고도로 전문화된 교육을 제공한다. 한국의 교육과정을 따르지 않는 학원으로, 그래서 대치동 생태계에서 중요한 역할을 차지한다. 특정 시험에 대한 깊이 있는 분석, 전략 제시, 개인 맞춤형 컨설팅은 국제반 학생들에게 필수적인 자원으로 평가받는다.

● 파머스영어

파머스영어는 '새김SSES'이라는 특허받은 학습법으로 차별화를 꾀한다. 이 방식은 이미지와 패턴 드릴을 활용하여 학습 초기부터 말하기 훈련을 집중적으로 진행함으로써 유창성을 기르는 데 중점을 둔다. 먼저 말하고 나중에 분석하는 접근법은 영어에 대한 심리적 장벽을 낮추는 데 효과적이다.

● 정상어학원

오랜 역사를 가진 학원으로 초등학생들을 위한 안정적이고 체계적인 커리큘럼을 제공한다. 일부 리뷰에서는 독해 프로그램 보강의 필요성이 제기되기도 하지만, 전반적으로 신뢰할 수 있는 교육 환경에서 영어의 기초를 다지기에 적합한 곳으로 평가받는다.

● 청담어학원

전국적인 브랜드 인지도를 가지고 있으며 미디어 기반의 창의적인 커리큘럼으로 잘 알려져 있다. 강압적 분위기보다 유연한 학습 환경을 선호하는 학생들에게 매력적인 선택지가 될 수 있다.

● 김현영어

수능 영어를 전략적으로 분석하고 공략하는 데 초점을 맞춘 학원이다. 교육 자료는 시험의 구조, 문제 유형별 풀이 전략, 지문 속 논리적 단서 찾기 등을 강조하며 풀이 속도와 정확성을 높이는 것을 목표로 한다.

● 리드앤톡

고전소설, 영자신문 등 실제 텍스트를 폭넓게 읽는 것이 최상의 영어 학습법이라는 철학을 기반으로 운영된다. 시험 대비를 위한 직접적인 훈련이 아니라 방대한 양의 읽기를 통해 어휘력, 문해력, 사고력을 자연스럽게 기르는 것을 목표로 한다.

● 특목사관

30년 경력을 자랑하는 원장이 이끄는 학원으로 오직 외국어고 등학교의 독특한 교과 과정에만 집중한다. 일반적인 미국 교과서가 아니라 외고에 특화된 심화 학습에 맞춰 자체적으로 구성한 자료를 사용하기 때문에 대체 불가능한 전문성을 갖고 있다.

● 이지영어학원

소규모 클래스를 유지하며, 과제는 학원에서 끝내고 귀가하는 것을 원칙으로 하는 등 철저한 관리를 내세운다. 학생 개개인에 맞춘 세심한 지도를 통해 단기간에 내신 성적을 끌어올리는 것을 목표로 삼는다.

지금까지 알아본 각 학원의 강점 및 단점 그리고 적합한 학생의 유형에 따라 영어 과목의 학년별 로드맵을 구성한다면 다음과 같다.

●초등학생

[표 6-2]에서 설명한 학원들 가운데 아이의 특성과 목표에 맞게 선택하는 것을 추천한다.

학원명	핵심 가치	교수법	레벨테스트	최적합 학생	특징
ILE	체계적 관리	교포 강사가 영어로 수업	정기적인 레벨테스트는 대치동의 기준	성실하고 경쟁에 익숙한 학생	과제량이 많고 테스트가 어려움
피아이	말하기와 쓰기 (아웃풋 위주)	토론과 프로젝트 중심의 영어 수업	1차: 읽기와 쓰기 2차: 1:1 원어민 인터뷰	리터니	미국 교과서와 한국식 문법 병행
렉스김	영어 역량	원어민과 교포 강사	사전 입학설명회 참석이 응시 자격 조건	최상위권 학생과 리터니	미국 교과서 대신 독자적인 커리큘럼
트윈클	스피킹	토론, 창의적 글쓰기, 프로젝트 중심	읽기, 어휘, 문법, 쓰기 영역의 필기 시험과 원어민 인터뷰	영어를 처음 시작하거나 스트레스 없이 영어를 배우고 싶은 초등 저학년	초등저학년에 특화된 커리큘럼
에디센	4대 영역 골고루	즐거운 영어 학습	지필고사와 원장과의 1:1 면접	기초를 제대로 다지고 싶은 초등학생	미국 교과서 스타일의 과학/사회 지문 포함

[표 6-2] 초등학생 대상 대치동 영어 학원 비교

●중학생

내신 관리가 중요해지는 시기로, 이를 목표로 한다면 강력한 내신 대비 시스템을 갖춘 DYB최선어학원이 유리하다. 종합적인 실력과 시험 대비를 병행하고자 한다면 함영원영어학원으로의 전환 또는 병행을 고려할 수 있다.

● 고등학생

안정적인 수능 1등급 확보가 목표인 시기다. 내신과 수능에 모두 강한 함영원영어학원이 강력한 선택지다. 대형 강의가 맞지 않는다면 에이닷의 1:1 맞춤 관리가 효과적일 수 있다.

일타 강사
200퍼센트 활용법

대치동 생태계의 중심에는 일타 강사라 불리는 스타 강사들이 있다. 일타 강사는 극심한 입시 경쟁에서 결과를 보장받고 싶은 시장의 수요가 만들어낸 산물이다. 이들은 수많은 학생과 학부모에게 성공의 보증수표처럼 여겨지며, 강의에 등록하려는 사람들로 늘 치열한 경쟁이 벌어진다. 그러나 단순히 명성만 믿고 일타 강사를 선택하는 것은 현명한 전략이 아니다. 내 아이의 필요에 맞게 일타 강사를 '활용'하는 지혜가 필요하다.

일타 강사의 강의는 주입식 교육의 전형적인 형태로 비판받고는 한다. 그럼에도 이들의 강의가 붐비는 것은 그만한 가치가 있기 때문이다. 일타 강사의 핵심 가치는 방대한 학습 범위를 정제하여 핵심만 선별해주고, 높은 품질의 자체 교재와 모의고사 같은 독점적 콘텐츠를 생산하며, 이를 카리스마 있는 전달력으로 효율 높게 이해시키는 데 있다.

하지만 모두에게 맞는 학원이 없는 것과 마찬가지로 모두에게 효과적인 일타강사도 존재하지 않는다. 다음의 기준과 질문을 통해 강사의 교습 스타일이 아이의 학습 스타일과 합이 맞는지 먼저 확인할 필요가 있다.

개념 중심 vs. 스킬 중심

"한석원의 '깊은수학'처럼 강사가 과목의 근본 원리와 개념을 차근차근 쌓아주는 스타일인가, 아니면 실전에서 바로 적용할 수 있는 문제 풀이 기술과 전략을 전수하는 데 집중하는가?"

 - 기초가 부족한 학생에게 스킬 위주의 강의는 모래 위에 성을 쌓는 격이 될 수 있다.

콘텐츠 중심 vs. 전달력 중심

"김봉소의 '국어 콘텐츠'처럼 강사의 강점이 누구도 따라올 수 없는 양질의 자체 제작 자료에 있는가, 아니면 학생들을 몰입시키는 압도적인 강의력과 카리스마에 있는가?"

 - 자기주도학습 능력이 뛰어난 학생은 좋은 콘텐츠만으로도

충분하지만, 집중력이 약한 학생은 강의 전달력이 좋은 강사를 만나야 효과를 볼 수 있다.

일타 강사가 반드시 최고는 아니다

무조건 가장 유명한 일타 강사만 고집할 필요는 없다. 아이와의 합을 고려하면 새롭게 떠오르는 신규 강사나 특정 분야에 특화된 전문 강사가 최고의 인생 강사가 될 수도 있다.

결론적으로, 일타 강사의 강의를 듣는 학생의 역할은 수동적 이해에 그치지 말고 최상급 콘텐츠를 구매하는 능동적인 소비자가 돼야 한다. 그들의 강의가 자신의 주도적인 학습을 대체하는 것이 아니라 보완하는 역할을 할 때 비로소 그 가치를 200퍼센트 활용할 수 있다. 즉 일타 강사의 정제된 콘텐츠를 활용하여 학습 시간과 노력을 절약하고, 최고 수준의 문제들을 통해 실전 감각을 길러야 한다.

학부모의
역할 가이드

대치동에서 자녀의 성공과 행복을 결정짓는 가장 중요한 변수는 학원의 명성이나 강사의 실력이 아니다. 바로 학부모다.

비판적인 정보 관리자 되기

대치동에서는 매일같이 수많은 정보가 생산되고 유통된다. 학부모 커뮤니티와 설명회를 통해 정보를 수집하는 것은 필요하지만 그 정보에 매몰되어서는 안 된다. 중요한 것은 수많은 정보 속에서 '신호'와 '소음'을 구분하는 자신만의 필터를 갖는 것이다. 다른 엄마의 성공 사례나 최신 유행에 불안해하며 충동적인 결정을 내리지 말고, 내 아이의 실제 상황에 근거하여 필요한 정보를 선별하고 비판적으로 해석한 뒤 적용해야 한다.

감시자가 아닌 지지자 되기

학교나 학원에서 아이가 돌아오면 "오늘 시험 몇 점 맞았니?"라고 묻기 전에 "오늘 하루 힘들었지?"라고 먼저 물어보는 부모가 돼야 한다. 아이들은 이미 충분한 압박감 속에서 살고 있다. 부모는 아이의 감정을 판단 없이 들어주고, 결과가 아닌 노력의 과정을 인정하며, 어떤 상황에서도 아이의 편이라는 믿음을 주는 든든한 지지자가 돼야 한다. 집은 아이에게 유일한 안식처다.

평정심을 유지하기

정보 수집을 위해 커뮤니티에 참여하되, 집단적인 분위기나 과도한 경쟁 심리에 휘말리지 않도록 의식적으로 건강한 거리를 유지해야 한다. 대치동 학부모에게 가장 필요한 능력은 '정서적 조절 능력'이다. 학부모 자신이 느끼는 불안과 조급함은 아이에게 그대로 전염되기 쉽다. 그러면 아무리 비싼 돈을 들여 교육을 제공해도 그 효과는 반감된다. 최신 입시 정보를 꿰고 있는 것보다 어떤 상황에서도 평정심을 유지하고 자녀에게 무조건적인 지지를 보내줄 수 있는 부모의 안정된 태도가 그 어떤 입시 전략보다 강력한 성공 요인이다.

학생을 위한
생존 가이드

대치동이라는 전쟁터의 최전선에 서있는 학생들에게 건네고 싶은 조언이다. 당장 학업에서 성공을 거두는 것도 중요하지만, 긴 인생을 두고 보았을 때 현재의 시기를 정신적·신체적으로 건강하게 통과하는 것도 정말로 매우 중요하다.

가지치기 기술을 습득하라

대치동에서 주어지는 학습 콘텐츠와 과제의 양은 한 명의 학생이 모두 소화하는 것이 물리적으로 불가능하도록 설계되어있다. 모든 것을 다 하려다가는 아무것도 제대로 하지 못하게 된다. 자신의 약점을 정확히 파악하고, 가장 중요한 것과 덜 중요한 것을 구분하여 과감히 가지치기해야 한다. '선택과 집중'이라는 우선순위 설정 능력은 인생 전체를 통틀어 아주 중요한 역량이다.

지속 가능한 루틴을 만들어라

잠, 식사, 운동, 그리고 약간의 휴식은 사치가 아니라 최고의 학습 효율을 위한 준비다. 중요한 것은 공부의 '양'이 아니라 '질'과 '꾸준함'이다. 옆자리 친구가 몇 시간 공부하는지에 연연하지 말고, 지속 가능한 생활 루틴으로 자신에게 맞는 최적의 컨디션을 유지해야 한다. 자기 조절 능력은 성공적인 인생을 길게 끌고 가는 핵심 역량이다.

정신 건강은 타협의 대상이 아니다

극심한 스트레스와 번아웃의 신호를 무시해서는 안 된다. 힘들 때는 부모님이나 신뢰할 수 있는 어른에게 솔직하게 이야기해야 한다. 그리고 공부와 완전히 무관한 취미나 운동 등 스트레스를 해소할 수 있는 자신만의 탈출구를 마련해두어야 한다. 학원에서의 등수나 시험 점수는 현재 내가 서있는 위칫값이지 내 인생의 가치가 아님을 항상 기억해야 한다.

건강한 동료 집단을 형성하라

대치동에서의 힘든 여정을 함께하는 친구들은 때로 가장 큰 힘이 된다. 서로의 고통을 이해하고 격려해주며 형성되는 유대감은 어려운 과정을 버텨낼 수 있는 심리적 안정감을 제공한다. 단순히 성적을 비교하고 경쟁하는 관계가 아닌, 서로에게 긍정적인 자극을 주는 건강한 동료 관계를 만들자. 타인과 협력하지 못하는 사람은 어떤 조직에서도 필요로 하지 않는다.

참고문헌

『Thinking in systmes』(2008), 도넬라 메도우스 지음, Chelsea Green Publishing 펴냄.

『가치이동』(2000), 에이드리언 슬라이워츠키 지음, 세종서적 펴냄.

『계량적 세계관과 사고체계』(1992), 윤석철 지음, 경문사 펴냄.

『과학과 기술의 경영학』(1998), 윤석철 지음, 경문사 펴냄.

『그릿』(2019), 엔젤라 더크워스 지음, 비즈니스북스 펴냄.

『기계는 어떻게 생각하는가?』(2024), 숀 게리시 지음, 이지스퍼브리싱 펴냄.

『대치동 이야기』(2025), 강영연 & 이혜인 & 김영리 지음, 한국경제신문사 펴냄.

『대치동: 학벌주의와 부동산 신화가 만나는 곳』(2021), 조장훈 지음, 사계절 펴냄.

『대한민국 학군지도』(2025), 심정섭 & 노용환 지음, 진서원 펴냄.

『돈으로 살 수 없는 것들』(2012), 마이클 샌델 지음, 와이즈베리 펴냄.

『디퍼런트』(2011), 문영미 지음, 살림Biz 펴냄.

『롱테일경제학』(2006), 크리스 앤더슨 지음, 랜덤하우스코리아 펴냄.

『리포지셔닝』(2011), 잭 트라우트 지음, 경문사 펴냄.

『마이클 포터의 경쟁우위』(2021), 마이클 포터 지음, 비즈니스랩 펴냄.

『마케팅 전쟁』(2006), 잭 트라우트 지음, 비즈니스북스 펴냄.

『멘탈리티』(2022), 팀 그로버 & 샤리 웽크 지음, 푸른숲 펴냄.

『붉은 여왕』(2006), 매트 리들리 지음, 김영사 펴냄.

『생각의 탄생』(2007), 로버트 루트번스타인 & 미셸 루트번스타인 지음, 에코의서재 펴냄.

『생각하는 뇌, 생각하는 기계』(2010), 제프 호킨스 & 산드라 블레이크슬리 지음, 멘토르 펴냄.

『생명이란 무엇인가?』(2011), 에르빈 슈뢰딩거 지음, 한울 펴냄.

『세스 고딘의 전략수업』(2025), 세스 고딘 지음, 샘앤파커스 펴냄.

『소비자행동론』(2010), 임종원 지음, 경문사 펴냄.

『수능해킹』(2024), 문호진 & 단요 지음, 창비 펴냄.

『슈퍼스타의 경제학』(2000), 오마에 겐이치 지음, 더난출판사 펴냄.

『아웃라이어』(2019), 말콤 그래드웰 지음, 김영사 펴냄.

『오리지널스』(2020), 애덤 그랜트 지음, 한국경제신문사 펴냄.

『위대한 기업에 투자하라』(2025), 필립 피셔 지음, 굿모닝북스 펴냄.

『이기적 유전자』(2018), 리처드 도킨스 지음, 을유문화사 펴냄.

『이원재의 5분 경영학』(2009), 이원재 지음, 한겨레출판 펴냄.

『이준구 교수의 열린경제학』(2017), 이준구 지음, 문우사 펴냄.

『제프리 무어의 캐즘 마케팅』(2021), 제프리 무어 지음, 세종서적 펴냄.

『진화론의 유혹』(2009), 데이비드 슬론 윌슨 지음, 북스토리 펴냄.

『찬란한 멸종』(2024), 이정모 지음, 다산북스 펴냄.

『코피티션』(2002), 배리 네일버프 지음, 한국경제신문사 펴냄.

『티핑 포인트』(2020), 말콤 그래드웰 지음, 김영사 펴냄.

『티핑 포인트의 설계자들』(2025), 말콤 그래드웰 지음, 비즈니스북스 펴냄.

『포지셔닝』(2021), 잭 트라우트 & 알 리스 지음, 을유문화사 펴냄.

『프레임』(2024), 최인철 지음, 21세기북스 펴냄.

『현대 생산관리』(2002), 곽수일 지음, 박영사 펴냄.

『히든 챔피언』(2014), 헤르만 지몬 지음, 넥스트웨이브미디어 펴냄.

SKY·의대로 가는 패스트 트랙

대치동 학원의 비밀

초판 1쇄 발행 2025년 9월 10일

지은이   이규영
펴낸이   신현만
펴낸곳   (주)커리어케어 출판본부 SAYKOREA

출판본부장 박진희
편집   양재화 손성원 김선도
마케팅   허성권
디자인   육일구디자인

등록   2014년 1월 22일 (제2008-000060호)
주소   04779 서울특별시 성동구 성수일로 39-34 서울숲더스페이스 1212호
전화   02-2286-3813
팩스   02-6008-3980
홈페이지 www.saykorea.co.kr
인스타그램 instagram.com/saykoreabooks
블로그   blog.naver.com/saykoreabooks

ⓒ (주)커리어케어 2025
ISBN 979-11-93239-33-9   03370

SAY KOREA 는 (주)커리어케어의 출판브랜드입니다.